非正规就业对居民社会融入的影响及其传导效应研究

A study on the impact of informal employment on residents' social assimilation and its transmission effect

丁述磊　著

中国财经出版传媒集团
中国财政经济出版社

图书在版编目（CIP）数据

非正规就业对居民社会融入的影响及其传导效应研究 / 丁述磊著. -- 北京：中国财政经济出版社，2022.9

ISBN 978 -7 -5223 -1629 -1

Ⅰ. ①非… Ⅱ. ①丁… Ⅲ. ①就业－影响－居民－社会管理－研究－中国 Ⅳ. ①D669.3

中国版本图书馆 CIP 数据核字（2022）第 138922 号

责任编辑：陆宗祥　　　　责任印制：史大鹏

封面设计：孙俪铭　　　　责任校对：徐艳丽

中国财政经济出版社 出版

URL：http：//www.cfeph.cn

E－mail：cfeph@ cfeph.cn

社址：北京市海淀区阜成路甲 28 号　邮政编码：100142

营销中心电话：010－88191522

天猫网店：中国财政经济出版社旗舰店

网址：https：//zgczjjcbs.tmall.com

北京财经印刷厂印刷　各地新华书店经销

成品尺寸：147mm×210mm　32 开　6.375 印张　141 000 字

2022 年 9 月第 1 版　2022 年 9 月北京第 1 次印刷

定价：49.00 元

ISBN 978－7－5223－1629－1

（图书出现印装问题，本社负责调换，电话：010－88190548）

本社质量投诉电话：010－88190744

打击盗版举报热线：010－88191661　QQ：2242791300

前　言

20世纪80年代以来，中国的经济体制和社会结构发生了翻天覆地的变化。随着中国市场经济的发展，大量农民工转移到城市。农民工的转移为中国城市的发展做出了重大贡献，推动了中国经济的快速发展。然而，他们多数以非正规就业的方式解决基本的生存问题。相比正规就业群体，非正规就业人群不仅面临远离家乡、长时间不能和家人团聚的问题，而且他们的工作时间长、工作环境差、工资收入水平低并且缺乏社会保障，这些问题严重影响了他们的身心健康，阻碍了他们融入社会。《国家新型城镇化规划（2014—2020）》明确指出："在城镇化快速发展过程中，大量农业转移人口受城乡分割的户籍制度影响难以融入社会，市民化进程滞后。建立健全农业转移人口市民化推进机制，要努力完善农业转移人口社会参与机制，推进农民工融入企业、子女融入学校、家庭融入社区、群体融入社会。"党的十九大报告提出要贯彻新发展理念、建设现代化经济体系，要求建立健全城乡融合发展体制机制和政策体系。由于非正规就业阻碍了居民的社会融入程度，进而不利于社会融合的最终实现，因此，在中国经济转型背景下，系统研究非正规就业对居民社会融入的影响具有重要的现实意义。本书对健全和完善中国劳动力市场提供了实证支持。劳动力市场的完善有利于为从事非正规就业的劳动者营造良好的就业环境，有利于增强社会凝聚力，有利于为实现“中国梦”奠定健康的社会心理动力源，这也是本书研究的根本出发点和落脚点。

本书利用 2016 年中国劳动力动态调查（CLDS）数据和 2006—2015 年中国综合社会调查（CGSS）数据，系统研究了非正规就业对居民社会融入的影响及其传导效应，主要包括两个组成部分：第一，利用因子分析方法构建居民社会融入程度评价指标体系，然后利用分位数回归方法实证分析非正规就业对居民社会融入的影响。第二，从工资水平、健康状况和主观认知（主观公平认知和主观幸福感认知）三个层面解释了非正规就业降低居民社会融入程度的原因。这些内容构成了本书五个核心章节。即：居民社会融入程度评价指标体系构建、非正规就业对居民社会融入影响的实证分析、非正规就业的工资效应分析、非正规就业的健康效应分析和非正规就业的认知效应分析。

（1）居民社会融入程度评价指标体系构建。基于 2016 年中国劳动力动态调查（CLDS）数据，利用因子分析法，根据主客观相结合的原则构建了一个包含 8 个一级指标，涉及 20 个指标层的居民社会融入程度评价指标体系。该评价指标体系显示，影响居民社会融入的一级指标共有 8 个，其中影响最大的一级指标为就业状况，权重为 0.150。这表明就业状况对居民社会融入的影响不可小觑，如果就业质量相对较差，显然会降低居民社会融入程度。

（2）非正规就业对居民社会融入影响的实证分析。基于 CLDS（2016）数据，利用 OLS 回归和分位数回归方法实证分析非正规就业对居民社会融入的影响。计量回归结果显示，非正规就业对居民社会融入的影响在统计意义上显著为负，而且非正规就业对居民社会融入的影响呈现 U 形特征。性别分样本回归结果显示，在居民社会融入程度的所有分位点上，非正规就业对女性居民社会融入程度造成的损失显著大于男性居民。地区分样本回归结果显示，非正规就业对东部地区、中部地区和西部地区居民社会融入的影响同样存在异质性差异效应。

（3）非正规就业的工资效应分析。基于2006—2015年中国综合社会调查数据，利用分位数回归方法对正规就业与非正规就业的工资方程进行估计并对工资差异进行分解，研究发现非正规就业的工资水平显著低于正规就业。相比正规就业，非正规就业教育收益率低，性别歧视更为严重。随着工资分位数水平由低到高，性别歧视程度逐步增强。分位数分解结果表明，随着工资分位数水平的上升，特征差异的解释能力越来越强，而系数差异占比越来越小。同时，随着工资分位数水平的上升，工资差异逐渐缩小，符合“黏地板效应”，而不是“天花板效应”，这表明中国正规就业与非正规就业工资差异主要是由工资分布低分位数水平上的差异造成的。正规就业与异质性的非正规就业工资差异分解结果表明，在代表性分位数上，正规就业与非正规受雇者工资差异最大，而正规就业与自我经营者工资差异相对较小。

（4）非正规就业的健康效应分析。基于CLDS（2016）数据，利用有序Probit回归方法分析了非正规就业对居民健康的影响，研究发现非正规就业对居民健康状况的影响在1%水平上显著为负。非正规就业对居民健康状况的影响存在异质性差异效应，即非正规就业对女性居民健康状况造成的损失大于男性，对户外工作者健康状况造成的损失大于室内工作者。非正规就业对东部地区居民以及中西部地区居民健康状况的影响也是显著为负的，而且由东到西非正规就业对居民健康造成的损害逐渐增大。以BMI指标和躯体疼痛作为健康的代理指标，非正规就业在1%水平上显著增加了居民身体过度肥胖或过度消瘦的概率，同时也在1%水平上显著增加了居民躯体疼痛的概率。对于工伤变量作为健康的代理指标，非正规就业会增加发生工伤的概率，这一结果却不显著。

（5）非正规就业的认知效应分析。基于CGSS（2013）数据，将主观公平认知和主观幸福感认知作为主观认知的代理变量，考察了非正规就业的认知效应。以主观公平认知作为代理变量时，首先利用有序Probit模型定量检验了非正规就业对居民主观公平认知的影响，然后从权利公平、机会公平和规则公平角度考察了非正规就业影响居民主观公平认知的传导机制。研究发现非正规就业会显著降低居民对社会总体公平程度的主观评价。非正规就业对男性居民主观公平认知造成的损失大于女性，对城镇居民主观公平认知造成的损失大于农村居民。传导机制分析结果显示，非正规就业通过降低居民权利公平认知、机会公平认知以及规则公平认知，进一步降低了居民对社会总体公平程度的认知。

以主观幸福感认知作为代理变量时，研究发现非正规就业是影响居民主观幸福感的重要因素。如果居民从事非正规就业，那么他们的主观幸福感会显著降低。非正规就业市场上更为严重的性别歧视现象显著降低了女性主观幸福感。无论是东部地区还是中西部地区，通货膨胀率上升，对居民主观幸福感造成的损失也会显著增加。此外，受教育年限变量对女性和中西部地区居民主观幸福感的影响显著为正。

本书尝试从社会学角度为做好非正规就业的服务和管理提供实证依据，力求客观地评价非正规就业群体的社会融入状态。本书利用微观调查数据构建的一个包含主客观指标相结合的居民社会融入程度评价指标体系，能够比较全面地测度居民社会融入程度；从工资水平、健康状况和主观认知三个层面解释了非正规就业降低居民社会融入的原因，得到了一些符合国情的研究结论，为健全和完善中国劳动力市场提供了实证支持，研究结果对经济学和社会学交叉领域具有一定的借鉴意义。与此同时，本书也存在一些内容、方法和数据方面的不足之处。其一，在构建社会融入程度评价指标体系的时候，由于部分变量的可得性，如性格特征变量，没有纳入指标体系。其二，本书仅从工资、健康、主观认知三个角度，分析了非正规就业对居民社会融入影响的传导效应，然而，社会融入是一个综合性概念，影响居民社会融入的因素有很多。其三，由于部分变量在调查问卷中没有持续追踪，书中多数章节采用的是截面数据，而时间变化对回归结果的影响有待进一步验证。因此，未来可在此基础上进一步深化研究，更加细致地探讨非正规就业对居民社会融入影响的传导效应，引入混合截面数据，进一步扩大样本容量，同时尝试比较不同微观调研数据的回归结果是否存在差异，以便得到更多符合国情的有意义的研究结论。

关键词： 非正规就业，社会融入，工资效应，健康效应，认知效应

Preface

Since 1980s, Chinese economic system and social structure has undergone tremendous changes. With the development of market economy, a large number of migrant workers moved to the city. The transfer of migrant workers made important contributions to the development of China City, promoting the rapid development of economy. However, a large number of migrant workers in the city engaged in informal employment. Compared with formal employment, informal employment groups face more problems such as far away from home, long working time, poor working environment, low income and lack of social security. These problems seriously hindered their physical and mental health, and hindered their social assimilation. The National New Urbanization Plan (2014 - 2020) clearly points out, "in the rapid development of urbanization, it is difficult for a large number of agricultural migrants to integrate into the society under the influence of the urban - rural household registration system, and the process of urbanization lags behind. It is necessary to establish and improve the mechanism for promoting the urbanization of the agricultural transfer population, to improve the social participation mechanism of the agricultural transfer population, and to promote the integration of migrant workers into enterprises, children into schools, families into the community, and groups into society." Implementation of the nineteen Party Congress put forward the new requirement for the modernization of economic development concept, establish and perfect the system of the development of institutional mechanisms and policy system of urban and rural integration. The informal employment has hindered the social assimilation of residents, which is not conducive to the ultimate realization of social integration. Therefore, in the background of Chinese economic transformation, it is of great practical significance to systematically study informal employment how to influence the social assimilation of the residents. It will provide empirical support for the normalization of China's labor market. At the same time, the improvement of labor market is conducive to find regular jobs for the laborers engaged in informal employment, is conducive to enhancing social cohesion, and is conducive to the realization China dream, which is the fundamental starting point and foothold of this study.

Based on the China Labor – force Dynamics Survey (CLDS, 2016) and China General Social Survey (CGSS, 2006 – 2015), this paper systematically studies the impact of informal employment on the social assimilation of residents and its transmission effect, including two components. Firstly constructing a "Degree of residents' social assimilation evaluation criteria system", then applying OLS and quantile regression methods separately to make empirical analysis of how informal employment influence residents' social assimilation. Secondly, this paper analyzes the transmission effect of the influence of informal employment on social assimilation from three aspects: wage level, health status and subjective cognition (subjective fair cognition and subjective well – being cognition). The above contents constitute the five core sections of this paper. Respectively: The third chapter is the construction of the evaluation index system of social assimilation degree, the fourth chapter is the empirical analysis of the impact of informal employment on the social assimilation, the fifth chapter is the wage effect analysis of informal employment. the sixth chapter is the health effect analysis of informal employment, and the seventh chapter is the cognitive effect analysis of informal employment. The main contents and conclusions of the chapters above are as follows:

The third chapter is the construction of the evaluation index system of social assimilation degree. Based on the CLDS (2016) and the principle of combining subjective and objective factors, this paper constructs an evaluation index system for the degree of social assimilation of residents, which includes 8 first - level indicators and involves 20 index levels. The evaluation index system shows that there are eight first - level indicators affecting the social assimilation of residents, of which the most influential is employment status, with a weight of 0. 150. This indicates that the impact of employment status on the social assimilation of residents can not be underestimated, if the quality of employment is relatively poor, it will obviously reduce the degree of social assimilation of residents.

The fourth chapter is the empirical analysis of the impact of informal employment on the social assimilation. Based on CLDS (2016), OLS regression and quantile regression are used to analyze the impact of informal employment on social assimilation. Regression results show that: informal employment has obvious negative impacts on residents' social assimilation in the statistical sense. Besides, informal employment's impacts on residents' social assimilation appear U - type characteristics. Sub – sample regression results show that: In all quantiles of residents' social assimilation degrees, losses of informal employments' impact on residents' social assimilation is larger for females than males. The results of regional sample regression showed that the influence of informal employment on the social assimilation of residents in the eastern, central and western regions also had heterogeneity effects.

The fifth chapter is the wage effect analysis of informal employment. Based on the CGSS (2006 – 2015) using the quantile regression method to estimate and decompose the wage differentials of formal employment and informal employment. The results show that wages of informal employment are significantly lower than those in formal employment. Compared with formal employment, the returns to education of formal employment is higher than that of informal employment, and the gender discrimination of informal employment is more serious and becomes more and more serious with wage quantile from low to high. Quantile decomposition shows that on the low quantiles the wage differential between formal employment and informal employment is high while on high quantiles the wage differential is low. The wage differential is in line with the "sticky floor effect", rather than "ceiling effect". On the high level of wage percentile, the characteristic difference interpretation ability is stronger, and the coefficient difference explanation ability is weak. At the same time, in typical quantiles, the wage difference between formal employment and the informal employment is high while the wage difference between formal employment and self – employed is relatively small.

The sixth chapter is the health effect analysis of informal employment. Based on the CLDS (2016), using the ordered Probit regression method to estimate the effects of informal employment on residents' health. The study found that the impact of informal employment on health status was significantly negative. The influence of informal employment on health status has heterogeneity effect. It can cause a big health loss to female staff, workers in the outdoors. The influence of informal employment on the health status of residents in the eastern region and the central and western regions is also significantly negative, and the damage to health caused by informal employment from the east to the west is gradually increasing. With BMI index and somatic pain as the proxy of health, informal employment significantly increased the probability of excessive obesity or excessive thin of residents, and also significantly increased the probability of physical pain. For the work injury variable as a proxy indicator of health, informal employment will increase the probability of industrial injury, but this result is not statistically significant.

The seventh chapter is the cognitive effect analysis of informal employment. In this chapter, based on the CGSS (2013), taking subjective fair cognition and subjective well – being cognition as proxy variables of subjective cognition, the cognitive effects of informal employment are investigated. When the subjective fairness cognition is used as the proxy variable, research has found that informal employment is the important factor influencing residents' subjective fairness cognition. If residents engaged in informal employment, their subjective fairness cognition will be significantly reduced. Informal employment losses men' subjective fairness cognition more than women and losses urban social residents' subjective fairness cognition more than rural residents. transmission effect shows that informal employment losses residents' subjective fairness cognition by reducing residents' rights fairness cognition, opportunity fairness cognition and regulation fairness cognition.

When the subjective well - being cognition is used as the proxy variable, research has found that informal employment is the important factor influencing the residents' subjective well - being, if residents are engaged in informal employment, so their subjective well - being will be significantly reduced. Informal employment job market has more serious gender discrimination which significantly reduces the women's subjective well - being. Both the east and the central and western regions, the rate of inflation rising reduces the residents' subjective well - being significantly. In addition, the variable of education has an positive impact on women and the Midwest residents subjective well - being, which shows that the increase of education year of women and the Midwest residents is one of the important ways to improve their subjective well - being.

This paper attempts to provide an empirical basis for the service and management of informal employment from the perspective of sociology, and can objectively evaluate the social assimilation status of informal employment groups. The evaluation index system of the degree of social assimilation of residents, which includes subjective and objective indicators, is constructed by using CLDS (2016). It explains the reasons why informal employment reduces the social assimilation of residents from the aspects of wage level, health status and subjective cognition, and expands the research angle of informal employment, and obtains more research conclusions which accord with national conditions. To a certain extent, it makes up for the gaps in the related research, and the research results have certain reference significance for the cross field of economics and sociology. At the same time, this paper also has some shortcomings in data, methods and content. Firstly, in the construction of the evaluation index system, some variables, such as character variables, are not included because of the availability. Secondly, this paper analyzes the transmission effect from the perspectives of wage level, health status, subjective cognition. However, the evaluation index system includes some other factors. Thirdly, since some of the variables were not continuously tracked in the questionnaire, most sections use cross - sectional data, the effect of time changes on the regression results needs to be further verified. Therefore, in the future, I will further deepen my research on this basis, explore in greater detail the transmission effect of the impact of informal employment on the social assimilation of residents, and at the same time introduce mixed cross - section data to expand the sample size. Try to get more meaningful research conclusions in accordance with the national conditions.

Key Words: Informal Employment, Social Assimilation, Wage Effect, Health Effect, Cognitive Effect

目　　录

1 引　　言

1.1 研究背景与意义

1.1.1 研究背景

20 世纪 80 年代以来，中国的经济体制和社会结构发生了翻天覆地的变化。随着中国市场经济的发展，大量农村剩余劳动力转移到城市。农村剩余劳动力的转移为中国城市的发展做出了重大贡献，推动了中国经济的快速发展。然而，他们多数以非正规就业的方式解决基本的生存问题。相比正规就业群体，非正规就业人群不仅面临远离家乡、长时间不能和家人团聚的问题，而且他们的工作时间长、工作环境差、工资收入低，并且缺乏社会保障，这些问题严重影响了他们的身心健康，阻碍了他们融入社会。《国家新型城镇化规划（2014—2020）》明确指出："在城镇化快速发展过程中，大量农业转移人口受城乡分割的户籍制度影响难以融入社会，市民化进程滞后。建立健全农业转移人口市民化推进机制，要努力完善农业转移人口社会参与机制，推进农民工融入企业、子女融入学校、家庭融入社区、群体融入社会。"党的十九大报告提出要贯彻新发展理念、建设现代化经济体系，要求建立健全城乡融合发展体制机制和政策体系。由于社会融入是社会融合的第一步，提高居民的社会融入程度有利于社会融合的最终实现。因此，在中国经济转型背景下，系统研究非正规就业对居民社会融入的影响及其传导效应，具有较强的制度背景。

纵观国内外劳动力市场，非正规就业形式在当今世界各国和地区普遍存在，成为发展中国家甚至是发达国家中的一个显著经济现象。在许多发展中国家，非正规就业在非农就业中的占比超过了50%，比如印度的比例为83.6%，墨西哥的比例为53.7%；在发达国家，非正规就业在就业总量中的占比也相对较高，比如美国的比例为30%，日本的比例为25%（ILO，2016）。已有文献研究表明，非正规就业成为各国缓解就业压力和解决劳动者贫困的重要途径之一。聚焦国内劳动力市场，在中国经济转型和结构调整的过程中，大量农村剩余劳动力到城镇寻求就业机会，流动人口迅速涌入城市。巨大的就业压力促使政府鼓励劳动者采取多种形式实现就业，不断扩充就业岗位，其中就包括非正规就业，从而导致中国非正规就业得到了快速发展，成为中国城镇就业的一种重要就业方式。然而，在非正规就业迅速发展的同时，这些农村劳动力由于学历水平较低、缺乏工作经验等，他们在城市中只能从事工作环境差、工资水平低和缺乏社会保障的工作。非正规就业群体不仅会碰到在城市生活的“适应”问题，而且会遭遇城市市民社会网络的“孤岛化”，这些不仅影响了他们的身心健康，更严重地阻碍了他们融入城市生活的步伐。

新时代背景下，非正规就业群体作为我国经济社会发展的重要力量，因此他们的社会融入问题不仅关系着城市社会的和平稳定，更与我国社会经济的可持续发展密切相关。非正规就业群体社会融入问题，从表面上看是劳动者个人的生存和发展问题，背后隐藏的却是家庭和社会的发展问题，更是整个社会和平稳定、公平正义的问题。如果非正规就业群体不能顺利与当地居民和平共处，不能顺利融入城市发展，将会严重影响到城市社会的和平稳定以及对公平、正义的维护。因此，非正规就业群体的社会融入问题值得引起政府和社会的广泛关注。

已有国内文献研究多是从经济增长和居民收入分配的角度，分析非正规就业对经济增长和居民收入分配的影响，而较少有文献从社会学角度入手，研究非正规就业对居民社会融入的影响。鉴于此，本书从社会学角度出发研究非正规就业对居民社会融入的影响，并从工资水平、健康状况和主观认知（主观公平认知和主观幸福感认知）三个层面分析产生该影响的原因，对于做好非正规就业群体的服务和管理，健全完善中国劳动力市场以及整个经济社会的可持续健康发展都具有重要的理论和现实意义。

1.1.2 研究意义

本书的理论意义主要体现在以下两个方面：一是构建了一个包含主客观指标相结合的社会融入程度评价指标体系，能够比较全面地测度居民社会融入程度。目前国内多数学者主要选取主观指标对社会融入进行概念界定，主要包括定居意愿、心理感受、文化参与、价值观念等。本书在构建指标体系的时候，不仅考虑了居民的主观指标，还纳入了一些客观指标，如朋友的数量、收入水平、受教育年限等。利用因子分析方法，通过将社会融入指标体系中的诸多指标进行降维，来测度居民社会融入程度，在一定程度上丰富了社会融入理论，对经济学和社会学交叉学科进行了补充与拓展。二是从工资水平、健康状况和主观认知三个层面解释了非正规就业降低居民社会融入的原因。通过微观调研数据，实证分析了非正规就业与正规就业的工资差异，以及非正规就业对居民健康状况和主观认知的影响。本书进行工资差异分解的时候，考虑鲜有文献研究异质性的非正规就业与正规就业之间的工资差异，因此，本书将非正规就业分成了非正规受雇者和自我经营者，研究发现在工资分布低分位数水平上，非正规受雇者与正规就业工资差异最大。

相对于理论意义，该研究更侧重于实际应用价值。实际意义主要体现在以下两个方面：其一，有利于做好非正规就业群体的服务和管理。尊重非正规就业群体的社会地位，维护非正规就业群体的合法权益，促进其顺利地融入社会发展，是构建社会主义和谐社会的重要内容，是贯彻落实《中共中央关于构建社会主义和谐社会若干重大问题的决定》的重要举措，是建立健全城乡融合发展体制机制和政策体系的重要思路。因此，在中国经济转型背景下，系统研究非正规就业对居民社会融入程度的影响，具有重要的现实意义。其二，为健全完善中国劳动力市场提供实证支持。本书分别从居民的工资水平、健康状况、主观认知角度出发，分析了非正规就业对居民社会融入程度影响的传导效应，同时也考察了不同性别、户籍、区域等异质性效应，为健全完善中国劳动力市场提出了有针对性的结论和政策建议。本书提出消除城乡、行业、身份和性别等影响平等就业的制度障碍和就业歧视，努力健全完善中国劳动力市场，为从事非正规就业的劳动者营造良好的就业环境；提高非正规就业者的收入水平，缩短非正规就业者的劳动时间，丰富他们的社会文化活动，促进文化交流，提升他们的福利待遇，进一步扩大医疗保险覆盖面，让更多的非正规就业者享受到医疗服务。

1.2 研究思路与框架

1.2.1 研究思路

本书首先系统梳理与非正规就业和社会融入相关的理论和

文献，其次利用2016年中国劳动力动态调查数据，根据主客观相结合的原则构建了一个包含8个一级指标、涉及20个指标层的居民社会融入程度评价指标体系，并实证分析了非正规就业对居民社会融入程度的影响，最后从工资水平、健康状况和主观认知三个层面探究了非正规就业对居民社会融入影响的传导效应，并得出相关结论和政策建议。

1.2.2 研究框架

本书的研究框架如图1－1所示：

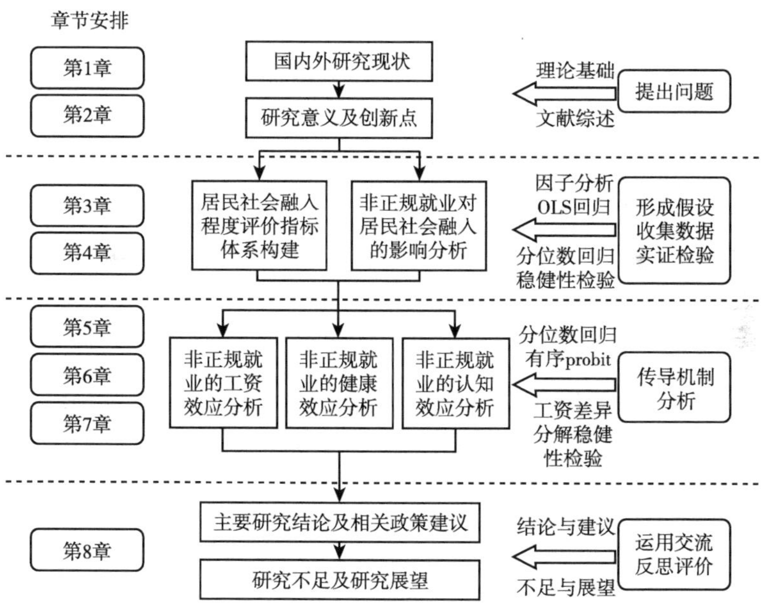

图1－1 本书研究框架图

1.3 研究内容与方法

1.3.1 研究内容

通过对国内外有关非正规就业和社会融入的文献进行梳理和概括，发现现有研究仍然存在一些不足之处：其一，已有文献对居民社会融入程度的衡量不统一，代理指标不全面，构建的评价指标体系包含的变量相对较少。其二，鲜有文献从经济学和社会学交叉角度出发，研究就业类型中的非正规就业对居民社会融入的影响。基于以上认识，本书利用中国劳动力动态调查数据和中国综合社会调查数据，系统研究了非正规就业对居民社会融入的影响，并从工资水平、健康状况和主观认知三个层面探究了非正规就业对居民社会融入程度影响的传导效应，本书结构安排和主要研究内容如下：

第 1 章是引言。在这一章节中，介绍了本书研究背景和研究意义、研究思路和研究框架、研究内容和研究方法，以及可能存在的创新。

第 2 章是理论基础与文献综述。在这一章节中，梳理概括了劳动力市场分割理论、劳动力市场歧视理论、Grossman 健康需求理论、人力资本和社会资本理论，总结归纳了非正规就业和社会融入相关文献。

第 3 章是居民社会融入程度评价指标体系构建。在这一章节中，基于 2016 年中国劳动力动态调查（CLDS）数据，利用因子分析法，根据主客观相结合的原则构建了一个包含 8 个一级指标、涉及 20 个指标层的居民社会融入程度评价指标体系。

第 4 章是非正规就业对居民社会融入影响的实证分析。在这一章节中，基于第 3 章构建的居民社会融入评价指标体系计算的居民社会融入得分，首先，利用 OLS 回归和分位数回归方法，考察了非正规就业对居民社会融入程度均值和不同分位点上的影响；其次，按照性别和区域进行划分，进一步分析非正规就业对不同群体居民社会融入影响是否存在差异；最后，采用工具变量法和离群值处理进行稳健性检验，控制可能存在的内生性问题。

第 5 章是非正规就业的工资效应分析。在这一章节中，采用 2006—2015 年中国综合社会调查数据（CGSS）数据，首先，利用 OLS 回归和分位数回归方法对中国居民正规就业与非正规就业的工资决定进行了估计；其次，将非正规就业者区分为自我经营者和非正规受雇者，进一步分析异质性的非正规就业工资决定及其报酬率与正规就业的差异；最后，分别采用 Oaxaca - Blinder 分解、Cotton 分解、Neumark 分解以及分位数分解方法对正规就业与非正规就业工资差异进行了分解，以期探究不同就业形式间工资差异中市场歧视和禀赋特征因素各占多少比重，并据此得出有针对性的结论和建议。

第 6 章是非正规就业的健康效应分析。在这一章节中，采用 CLDS（2016）数据，首先，利用有序 Probit 模型分析了非正规就业对总体居民健康状况的影响；其次，将总体按照性别、工作场所、区域分样本进行了异质性的分位数回归；最后，进行了两组稳健性检验，一组是采用工具变量，另一组采用 BMI 指数、躯体疼痛和工伤作为健康的替换变量进行了稳健性检验。

第 7 章是非正规就业的认知效应分析。在这一章节中，将主观公平认知和主观幸福感认知作为主观认知的代理变量，考察了非正规就业的认知效应。首先，基于中国综合社会调查 CGSS

（2013）数据，利用有序 Probit 模型实证分析了非正规就业对居民社会总体公平认知的影响，并以省级养老保险覆盖率作为工具变量有效解决了内生性问题。其次，利用有序 Probit 模型定量检验了非正规就业对居民主观幸福感的影响。同时本书还考察了非正规就业对权利公平认知、机会公平认知和规则公平认知三个子维度的影响效应，并按照性别和地区将全样本分为男性样本和女性样本，东部地区、中部地区和西部地区，进一步分析了非正规就业对不同群体居民主观幸福感影响是否存在差异，从公平和幸福感角度为健全完善中国劳动力市场提供了实证支持。

第 8 章是研究结论、政策启示与研究展望。在这一章节中，对本书的研究结论进行了归纳总结，据此结论给出政策启示，同时指出了本书研究存在的不足之处并进行了研究展望。

1.3.2 研究方法

本书用到的研究方法主要有以下三个方面：

其一，文献研究法。文献研究法主要是对现有文献的梳理和概括，在经济学研究中存在着广泛的应用。本书梳理和概括了非正规就业和社会融入的国内外相关文献，提出了本书对非正规就业和社会融入的概念界定。对工资差异、健康、公平和幸福感相关文献进行梳理，为本书研究非正规就业的工资效应、健康效应和认知效应提供了研究基础。

其二，理论分析法。本书在第 2 章梳理概括了劳动力市场分割理论、劳动力市场歧视理论、Grossman 健康需求理论，同时运用两期模型，构建了居民社会融入函数，从理论上分析了人力资本和社会资本对居民社会融入的影响，从而为本书的研究提供了理论基础。

其三，统计和计量研究方法。统计研究方法是指有关数据的收集、整理、分析，并对其所反映的经济问题做出一定程度解释的方法。计量研究方法是以一定的经济理论和统计资料为基础，运用数理统计和计算机技术，以建立经济计量模型为主要手段的方法。本书在每个实证研究中对变量均进行了描述性统计。在第 3 章运用因子分析构建了居民社会融入程度的评价指标体系。在第 4 章和第 5 章分别运用 OLS 回归和分位数回归分析了非正规就对居民社会融入的影响以及正规就业和非正规就业的工资决定方程。在第 5 章采用 Oaxaca – Blinder 分解、Cotton 分解、Neumark 分解以及分位数分解方法对中国正规就业与非正规就业的工资差异进行了分解。在第 6 章和第 7 章运用有序 Probit 模型分析了非正规就业对居民健康状况、主观公平认知和主观幸福感认知的影响。同时在每个实证部分运用工具变量或替换变量进行了稳健性检验。

1.4　可能的创新点

本书通过对现有的文献进行梳理和概括，深入研究了非正规就业对居民社会融入的影响及其传导效应。相对现有成果，可能存在以下创新点：

其一，构建了一个包含主客观指标相结合的社会融入程度评价指标体系，能够比较全面地测度居民社会融入程度。

目前国内多数学者主要选取主观指标对社会融入进行概念界定，主要包括定居意愿、心理感受、文化参与、价值观念等。本书在构建指标体系的时候，不仅考虑了居民的主观指标，还纳入了一些客观指标，如朋友的数量、收入水平、受教育年限等。利用因子分析方法，通过将社会融入指标体系中的诸多指标进行降维，来测度居民社会融入程度，能够比较全面地测度居民社会融入程度。

其二，利用微观调研数据实证检验了非正规就业对居民社会融入的影响，尝试从社会学角度为做好非正规就业的服务和管理提供实证依据，能够客观地评价非正规就业群体的社会融入状态。

本书从社会学角度出发，利用微观调研数据检验非正规就业对居民社会融入的影响，实证检验结果发现非正规就业会降低居民社会融入程度，而且非正规就业对居民社会融入的影响存在性别和地区异质性差异。对经济学和社会学交叉领域研究进行了补充和拓展。

其三，从工资水平、健康状况和主观认知三个层面解释了非正规就业降低居民社会融入的原因。

通过微观调研数据，实证分析了非正规就业与正规就业的工资差异，非正规就业对居民健康状况和主观认知的影响。本书进行工资差异分解的时候，考虑鲜有文献研究异质性的非正规就业与正规就业的工资差异，因此，本书将非正规就业分成了非正规受雇者和自我经营者，研究发现在工资分布低分位数水平上，非正规受雇者与正规就业工资差异最大。

2 理论基础与文献综述

城乡差异造成的二元劳动力市场分割和所有制造成的体制性分割，致使许多非正规就业者只能从事一些薪资福利待遇、发展机会、工作稳定性等各方面都比较差的工作。劳动力市场中的歧视现象仍广为存在，而且程度较为严重。劳动力市场歧视不仅降低了资源配置效率，违背了社会公平原则，而且对他们的身心健康产生显著的负向影响，不利于他们融入社会发展。此外，非正规就业者的人力资本和社会资本存量不足，人际交往断裂和社会网络“孤岛化”是造成他们社会融入困难的突出表现。本章首先从劳动力市场分割理论、劳动力市场歧视理论、Grossman 健康需求理论、人力资本和社会资本理论进行梳理，为后续研究奠定理论基础；同时分别梳理概括非正规就业和社会融入相关文献研究。

2.1 理论基础

2.1.1 劳动力市场分割理论

劳动力市场分割在世界上多数国家都存在，是劳动力市场中的一种特殊现象。多林格和皮奥里（Doeringer 和 Piore，1971）对劳动力市场分割理论做了详尽的阐述。他们主要基于工资方程决定、劳动者晋升机会以及福利待遇水平等不同特征将劳动力市场划分为主要劳动力市场和次要劳动力市场。

具体而言，主要劳动力市场的劳动者就业具有工资较高、工作条件优越、就业稳定、安全性好、作业管理过程规范以及晋升机会较大等特点；而次要劳动力市场的工作往往工资低、工作条件差、就业不稳定、管理武断，并且晋升机会较小。主要劳动力市场一般都是一些工资水平高、福利待遇好且有保障的大型公司，在主要劳动力市场中比较容易形成以生产资本密集型产品为主的内部劳动力市场。而次要劳动力市场多数由众多中小企业组成，且在次要劳动力市场中存在工资水平较低、福利待遇较差、工作安全性不高和缺乏保障等特征。此外，次要劳动力市场产品需求变动频繁，不容易形成内部劳动力市场。该理论主要有以下三个核心观点：

其一，在工资决定机制方面，主要劳动力市场的工资决定取决于劳动者在内部劳动力市场中所处的位置，并非完全由竞争的劳动力市场决定，劳动者的工资普遍偏高，晋升机会较多；而次要劳动力市场的工资普遍低于主要劳动力市场，公司制度不完善，劳动者晋升机会小。

其二，在人力资本投资的作用方面，分割理论认为劳动者进行人力资本投资可以作为一种发挥筛选功能的信号，受教育年限较高的劳动者给主要劳动力市场中的雇主提供了一个使其认为该劳动者具有培训潜力较大的信号。相反，雇主认为那些受教育年限较低的劳动者不具有培训潜力或培训潜力相对较低，只能留在次要劳动力市场上。

其三，在劳动者自身素质和偏好方面，分割理论认为，与主要劳动力市场中的劳动者相比，次要劳动力市场中的劳动者合作精神不高、时间观念不强、学习动力不足且比较懒散。因此，在次要劳动力市场就业的劳动者，如果存在以上特征，即使他们努力提高自身人力资本水平，也很难进入主要劳动力市场。最初由于劳动力市场歧视或制度性障碍（如户籍状况等）造成在次要劳动力市场工作的劳动者工作状况会进一步恶化，导致这些劳动者很难摆脱社会底层地位，最终形成恶性循环。

劳动力市场分割理论获得了许多学者的支持，如戈登（Gordan）、托宾（Tobin）和博斯克（Bosanquet）等。戈登和托宾使用劳动力市场分割理论分析了美国劳动力市场，博斯克和多林格使用该分析框架对英国劳动力市场进行了分析。他们得出的结论是：虽然美国和英国劳动力市场存在许许多多的不同之处，但是相同之处是都存在一定程度的劳动力市场分割特征，即都存在主要劳动力市场和次要劳动力市场。随着越来越多的学者关注该理论，劳动力市场分割理论逐步获得了承认并得到推广。

新中国成立后，实行了近 30 年的计划经济体制，禁锢了劳动力市场的活力，极大地削弱了劳动力要素的配置效率，其中一个重要的表现就是形成了城乡分割的基本格局。由城乡差异造成的二元劳动力市场分割和所有制造成的体制性分割是中国非正规就业典型的体现方式（杨凡，2015）。体制性分割是指在中国体制转轨时期，存在体制内劳动力市场和体制外劳动力市场。体制内劳动力市场主要是由国有单位的所有固定劳动者构成，计划调节的成分较多，市场调节的成分相对不充分。体制外的劳动力市场是由非国有单位劳动者及转移的农村劳动力构成，基本按照市场的调节发挥作用（胡学勤，2011）。

改革开放以来，随着市场经济的快速发展和劳动力需求的不断增加，大量农村剩余劳动力选择涌入城市之中寻求更好的工作机会，但是由于受到户籍制度障碍等条件制约，以及进城中的农村剩余劳动力知识水平、工作经验等人力资本水平较低，缺乏必要的社会关系支撑等客观因素限制，他们为了“生存选择”只能在城市中从事着工资水平低、晋升机会小且工作稳定性差的工作。甘春华（2010）认为，由于户籍身份因素，农村剩余劳动力获得高工资的城镇就业岗位仍然是有限的。此外，对于具有相同生产率的劳动者而言，城市户籍的劳动者所获得的工资水平显著高于农村户籍劳动者。党夏宁（2010）采用微观调查数据，对具有相似特征的城市户籍劳动者和农村户籍劳动者进行比较，发现城市户籍劳动者获得的收入水平显著更高。

农村剩余劳动力逐渐向城市转移，虽然在一定水平上削弱了城乡分割程度，但是却进一步强化了城市内部劳动力市场的二元分割趋势。政府机关、事业单位、国有企业等体制内部门的工资水平高、福利待遇好、工作稳定性强等特征使之成为城市劳动力市场中的正规部门，而体制外部门，特别是民营企业和私营小企业，工资和福利待遇不高、工作稳定性差等特征使之再次沦落为非正规部门。邢春冰（2005）发现，在中国经济转型过程中，城镇居民的劳动收入不仅受人力资本差异的影响，而且也受企业所有制性质影响。这种由于制度性因素引起的劳动报酬差异通常被称为“歧视”或“工资溢价（wage premium）”。Zhang et al.（2011）发现，国有企业的人力资本回报率显著高于非国有企业。他们给出的解释是，大多数国有企业在一定程度上拥有行政权力，可以为自己的员工提供更多的福利待遇。

由于城市正规部门中存在较高的门槛准入限制，农村剩余劳动力又缺乏充分的工作经验，学历水平有限，从而他们很少能够从城市中正规部门获得相应的就业机会，只能从事一些薪资福利待遇、发展机会、工作稳定性等各方面都比较差的非正规就业。与正规就业者相比，非正规就业者多数在次要劳动力市场和体制外劳动力市场工作。由于主要劳动力市场和次要劳动力市场的工作要求和培训机制的差异，长期在次要劳动力市场工作的居民逐渐形成缺乏合作精神、学习动力不足等不符合主要劳动力市场要求的习惯，甚至形成恶性循环（杨河清，2011），这不仅降低了他们的工作积极性，而且长期从事非正规就业对他们的社会地位、主观认知以及社会融入也会产生显著的负面效应。

2.1.2 劳动力市场歧视理论

劳动力市场歧视是一个综合性概念，含义非常广泛。经济学概念中的劳动力市场歧视是指具有相同劳动生产率的劳动者，由于一些非经济的个人特征（如劳动者的外貌、民族、年龄、户籍和性别等）引起的在就业选择、职业晋升、工资水平和福利待遇等方面受到的不平等待遇。

贝克尔（Becker，1957）创立了个人偏见模型。他把劳动力市场上的歧视根源归结为对某一群体的个人偏见，这种偏见可能来源于雇主、雇员以及顾客。根据个人偏见模型，可以解释劳动力市场上城镇户籍劳动者和农村户籍劳动者工资差异问题。

在雇主歧视方面，如果雇主对农村户籍劳动者存在个人偏见，认为农村户籍劳动者生产率低下，合作意识较弱并且具有懒散等特征，那么农村户籍的劳动者就很难被雇用。即使他们被雇用，他们所获得的工资水平也普遍低于城镇户籍劳动者。这种户籍歧视程度不仅取决于雇主偏见的普遍性和深度，还取决于劳动力市场中农村户籍劳动者数量。如果雇主没有个人偏见，即歧视系数为0，则具有相同生产率的城镇户籍劳动者和农村户籍劳动者应该获得相同的工资。如果劳动力市场上多数企业雇主具有个人偏见，或者市场上有大量的农村户籍劳动者，那么这些农村户籍劳动者就会受到不同程度的歧视。因此，雇主的个人偏见越普遍、歧视程度越深、农村户籍劳动者数量越多，则在市场均衡状态下城镇户籍和农村户籍劳动者工资差异就越大。

在雇员歧视方面，如果城镇户籍劳动者对农村户籍劳动者存在个人偏见，使得城镇户籍劳动者不愿意和农村户籍劳动者一起工作，那么雇员歧视就产生了。在存在雇员歧视的情况下，追求利润最大化的雇主有两种选择：一是实行完全的职业隔离，即有些企业全部雇用城镇户籍劳动者，其他企业雇用农村户籍劳动者；二是给城镇户籍劳动者支付更高的工资，这时候就会产生工资差异。然而对于第一种选择，完全的职业隔离几乎是不可能的，因为多数企业已经有了一定数量的城镇户籍和农村户籍劳动者，如果想达到完全的职业隔离，就必须解雇所有的城镇户籍劳动者或农村户籍劳动者，这时候就会产生大量的招聘、培训以及解雇成本。因此，当调整成本很大时，企业就会选择第二种方法，给城镇户籍劳动者支付更高的工资，因而产生工资差异，工资差异的大小取决于雇员歧视的程度和普遍性。

在顾客歧视方面，如果顾客在购买产品或服务时对销售员某种特征（如肤色、性别）具有个人偏见，那么也会产生歧视。有些顾客喜欢男性售货员为他们服务，这种情况下女性销售员会比男性销售员卖出更少的产品，因而对男女劳动者在生产率方面造成差异，进而产生工资差异。这在一定程度上可以解释劳动力市场上性别工资差异的问题，已有实证研究也证明了男性劳动者的工资高于女性劳动者，存在性别工资差异现象。

随着中国民营经济的快速发展和市场化进程的顺利推进，制约劳动力市场的各种制度“瓶颈”在逐渐减弱，劳动力市场在资源配置中起到了越来越重要的作用。然而，由于各种非市场因素，中国劳动力市场仍然普遍存在着多种多样的歧视问题，这些歧视问题可以归纳为以下三个主要方面：

其一，户籍歧视和地域歧视。户籍歧视，主要是指城镇户籍歧视非城镇户籍，一些大城市中的就业岗位针对外地求职者和就业人员提供不公平的政策和待遇，使得农村户籍的劳动者在就业机会、工资水平、工作稳定性、晋升机会和福利待遇方面都显著劣于城镇户籍劳动者。地域歧视，主要是指城市居民歧视农村居民，本地人歧视外地人，经济文化水平发达地区的人歧视经济文化水平落后的人。由于中国地域辽阔，人口众多，地域歧视在中国劳动力市场上普遍存在，而且地域性差异严重威胁着社会及经济的发展。进城中的农民工很难像城镇户籍劳动者一样享有失业、养老、医疗、住房等社会保障，即使在城市里找到工作，也往往会成为用人单位“优先”剪裁的对象，福利待遇和工作稳定性很差，可能随时面临失业状况。

其二，年龄和性别歧视。在年龄方面，中国法律目前只规定了劳动者进入劳动力市场的年龄上限和下限，而用人单位则可以在这个范围内任意选择劳动者的年龄段。大多数企业的招聘广告中指明女性年龄一般在20—28岁。男性一般都是要求在35岁以下；如果年龄超过45岁以上，则很少有用人单位会录用，即使该劳动者应聘的岗位与年龄的约束无关紧要。在性别方面，即使目前中国出台了一系列法律法规，比如《中华人民共和国劳动法》《中华人民共和国妇女权益保障法》《女职工劳动保护规定》等，然而在现实劳动力市场中，仍然有很多企业的招聘广告中公然对应聘者的性别提出了限制。中国关于公平就业的法律法规还不完善，执行力度不够，导致了一些企业仍然实行性别歧视。

其三，学历和经验歧视。随着中国高校的迅速扩招，求职者整体学历水平不断提高，用人单位的招聘条件也越来越高。有些岗位即使适合大专生，用人单位也一味追求高学历，必须是本科生甚至研究生，这导致一些本科生可以做的工作却招聘研究生学历，大专生可以做的工作却招聘本科生学历，造成了极大的人才浪费现象。此外，还有一些企业和事业单位要求应聘者必须有一定的工作经验，这使得一些没有工作经验的大学毕业生望而却步。然而事实上，有些职位对经验的依赖并不是太重要，只需短期培训就可以胜任。“同工不同酬”的现象在中国劳动力市场上也非常普遍。在国有企业中，即使在同一岗位也存在正式工、合同工、临时工和劳务派遣工的工资差异现象。

可见，就中国目前劳动力市场来说，歧视现象仍广为存在，而且程度较为严重。农民工、女性以及其他从事非正规就业的群体往往是遭受歧视程度最大的群体。正规就业群体对非正规就业群体往往抱有偏见和歧视，这种偏见和歧视造成的社会排斥也会严重影响非正规就业群体对社会的主观公平认知和幸福感。劳动力市场歧视不仅降低了资源配置效率，违背了社会公平原则，而且对他们的身心健康产生显著的负向影响，不利于融入社会发展。

2.1.3 Grossman 健康需求理论

在人力资本理论的基础上，Grossman（1972）第一次构建了用来分析健康需求的理论模型。该模型明确了健康资本如同教育资本一样，也是一种人力资本。根据健康的特点，Grossman

认为健康主要是通过增加可劳动的时间来提高收入能力，进而提高人们的效用水平。该模型假设代表性消费者在一生中各个时期的效用取决于每个时期的健康资本存量以及除健康之外的其他商品的数量（赵忠等，2005）。

健康资本的增量为：

$$H_{t+1} - H_t = I_t - \delta_t H_t \tag{2-1}$$

其中，H_{t+1} 和 H_t 分别代表第（$t+1$）期和第 t 期累计的健康资本存量，I_t 代表第 t 期对健康资本的投资，δ_t 代表健康折旧率。与正规就业人群相比，非正规就业人群面临的工作环境更差，因此，本书假设非正规就业人群的折旧率大于正规就业人群。

健康投资函数为：

$$I_t = I(M_t, TH_t; E) \tag{2-2}$$

其中，M_t 代表可以购买用于健康投资的一系列商品，例如卫生服务；TH_t 代表健康投资的时间；E 代表除健康以外的其他人力资本。

一般商品消费函数：

$$Z_t = Z(X_t, T_t; E) \tag{2-3}$$

其中，X_t 代表一般消费品；T_t 代表用于购买一般消费品花费的时间。

此时代表性消费者一生中各个时期的效用最大化问题为：

$$\max U = U(\varphi_t H_t, Z_t), t = 0, 1, \cdots \tag{2-4}$$

$$\text{S. t. } TW_t + TH_t + T_t + TL_t = \Omega$$

$$\sum_{t=0}^{n} \frac{P_t M_t + Q_t X_t}{(1+r)^t} = \sum_{t=0}^{n} \frac{W_t TW_t}{(1+r)^t} + A_0 \tag{2-5}$$

其中，式（2－5）分别代表收入预算约束和时间预算约束。φ_t 代表单位健康资本收益，$\varphi_t H_t$ 则代表第 t 期消费的健康；P_t

和 Q_t 代表健康投资商品和一般消费品的价格；W_t 和 TW_t 代表工资率和工作时间；TL_t 代表健康状况不良造成的时间损失；Ω、r 和 A_0 分别代表每个时期的总时间、实际利率水平和初始财富值。

健康投资带来的边际收益来自两方面：其一是直接的货币收益，即 G_tW_t/π_{t-1}，其中 $G_t = \partial TL_t/\partial H_t$，代表健康增加导致生病时间减少时健康带来的边际产出，π_{t-1}代表健康的影子价格，由医疗卫生服务价格、消费者的收入等因素决定；其二是健康直接带来的效用，即 $G_t[(U_{ht}/m)(1+r)^t]/\pi_{t-1}$，其中 $U_{ht} = \partial U/\partial H_t$，代表健康带来的边际效用，$m$ 代表货币收入带来的边际效用。与其他投资品一样，健康投资的边际成本包括利率和折旧两部分（$r+\delta_t$）。因此，代表性消费者效用最大化的均衡条件为边际收益等于边际成本，即：

$$\frac{G_tW_t}{\pi_{t-1}} + \frac{G_t\left[\left(\frac{U_{ht}}{m}\right)(1+r)^t\right]}{\pi_{t-1}} = r + \delta_t \tag{2-6}$$

方程（2-6）等号左边代表健康投资的收益曲线，等号右边代表健康投资的成本曲线，两者相交决定了消费者对健康的最优需求。

健康需求的比较静态分析如图2-1所示。

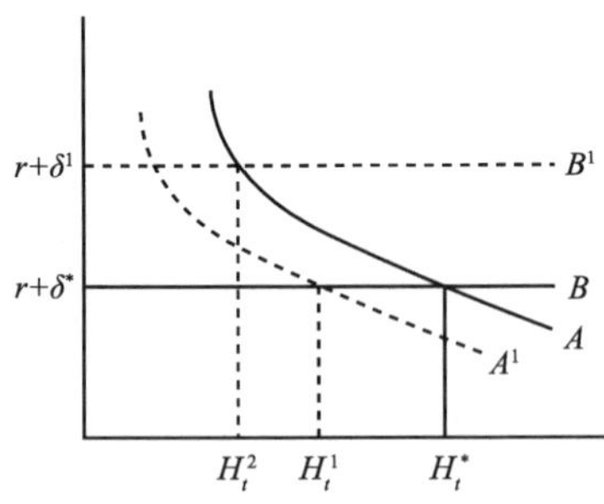

图2-1 健康需求的比较静态分析

非正规就业工资水平相对较低，在其他因素不变的前提下，会引起健康收益曲线内移到 A^1，此时健康投资收益曲线 A^1 与健康投资成本曲线 B 相交在新的均衡点 H_t^1，显然新的均衡点小于 H_t^*。本书将该结论归结为命题 1。

命题 1：在其他因素不变的前提下，工资降低会减少健康需求；工资提升则会增加健康需求。

由于非正规就业人群的工作环境相对更差，那么与正规就业人群相比，他们的健康折旧率相对偏大，在其他因素不变的前提下，健康折旧率上升，健康投资成本曲线向上移动到 B^1，此时健康投资收益曲线 A 与新的健康投资成本曲线 B^1 相交在新的均衡点 H_t^2，显然新的均衡点同样小于 H_t^*，本书将该结论归结为命题 2。

命题 2：在其他因素不变的前提下，工作环境变差导致健康折旧率提升，从而减少健康需求。

由方程（2-5）可知，每个人可支配的时间是固定的，因而用于工作和用于提高健康的时间成反向关系，显然在其他因素不变的前提下，工作时间增加则会减少健康需求。与正规就业人群相比，非正规就业人群的工作时间相对更长，因此，非正规就业人群的身体健康状况相对更差，本书将该结论归结为命题 3。

命题 3：工作时间增加，将会降低健康需求，从而导致健康的下降。

由健康需求理论可知，与正规就业相比，从事非正规就业会降低劳动者的健康需求，较差的工作环境和较长的工作时间也会恶化非正规就业者的健康状况。由于健康状况是影响居民社会融入程度的重要因素，拥有健康的身体会显著提高居民社会融入程度；反之，健康状况较差显然不利于居民融入社会。

2.1.4 人力资本和社会资本理论

新古典经济学中的人力资本理论认为，人力资本在就业选择过程中发挥着非常重要的作用，劳动者的就业选择很大程度上取决于其人力资本水平。人力资本主要体现在三个方面：一是劳动者的受教育年限，劳动者接受正规教育的年限越长，则表明劳动者的人力资本存量就越多；二是劳动者的工作经验，劳动者在某个固定岗位上工作年限越长，则表明劳动者与该工作相关的人力资本存量就越多，工作经验就越丰富；三是劳动者的技能培训，企业对员工进行相关技能培训也能显著提升劳动者的人力资本水平。增加受教育年限、工作经验和技能培训能显著提升劳动者的工作效率和人力资本存量，使劳动者能够创造更高的边际生产力（Mincer，1974）。

社会学经典理论表明，农民工在向城市迁移的过程中，既会碰到城市生活的适应问题，也会遭遇城市市民的社会排斥问题，而且矛盾会随着农民工迁移数量的增多而日益激化（陈云松等，2015）。此外，社会网络和社会资本也会对非正规就业群体的社会融入产生影响，人际交往断裂和社会网络“孤岛化”是流动人口社会融入困难的突出表现。

接下来，本书将从理论上分析人力资本和社会资本对居民社会融入的影响。本书假设居民社会融入函数取决于三种因素：消费（consumption）、人力资本（human capital）和社会资本（social capital）。为方便起见，假设居民生存两期（李涛等，2011），此时融入函数形式为：

$$U(c_1, c_2, h, s) = f(c_1) + \beta f(c_2) + m(h) + n(s) \qquad (2-7)$$

其中，c_1 和 c_2 分别为第一期和第二期消费，h 代表人力资本，s 代表社会资本，β 为折现因子。$f(\cdot)$、$m(\cdot)$ 和 $n(\cdot)$ 都为新古典生产函数，即 $f(\cdot)$、$m(\cdot)$ 和 $n(\cdot)$ 均具有规模报酬不变的性质，同时满足稻田条件（Inada Condition），$f'(\cdot)>0$，$f''(\cdot)<0$；$m'(\cdot)>0$，$m''(\cdot)<0$；$n'(\cdot)>0$，$n''(\cdot)<0$。

假设居民两期的收入是外生给定且不存在收入不确定性因素，分别为 Y_1 和 Y_2，同时两期的消费品价格分别为 P_1 和 P_2，实际利率水平为 r。此时居民预算约束为：

$$P_1 \times c_1 + P_2 \times \frac{c_2}{1+r} \leqslant Y_1 + \frac{Y_2}{1+r} \tag{2-8}$$

居民最优化选择问题为：

$$\max U(c_1, c_2, h, s) = f(c_1) + \beta f(c_2) + m(h) + n(s) \tag{2-9}$$

$$\text{S. t. } P_1 \times c_1 + P_2 \times \frac{c_2}{1+r} \leqslant Y_1 + \frac{Y_2}{1+r}$$

其最优化的一阶条件为：

$$f'(c_1) = \beta(1+r)\frac{P_1}{P_2}f'(c_2) \tag{2-10}$$

为简单起见，假设 $\beta(1+r)=1$，$P_1=P_2=1$，此时 $f'(c_1)=f'(c_2)$，可以推出 $c_1=c_2=\left(Y_1+\frac{Y_2}{1+r}\right)/2$。令 $Y=\left(Y_1+\frac{Y_2}{1+r}\right)$，则居民社会融入函数可以表示为：

$$U(c_1, c_2, h, s) = (1+\beta)f\left(\frac{Y}{2}\right) + m(h) + n(s) \tag{2-11}$$

人力资本的边际效用为：

$$U'_h = m'_h \tag{2-12}$$

社会资本的边际效用为：

$$U'_s = n'_s \tag{2-13}$$

由于假设 $m(\cdot)$ 和 $n(\cdot)$ 都为新古典生产函数，从式（2-12）和式（2-13）可知，人力资本和社会资本对居民社会融入影响的边际效用大于零，但是随着人力资本和社会资本水平的提高，其对社会融入程度影响的边际效用会将递减。本书将该结论概括为命题4。

命题4：收入确定的前提下，居民将会选择平滑消费，人力资本和社会资本提高了居民社会融入程度，但其对社会融入程度的边际效用是递减的。

上述推导是假定收入为外生给定且不存在不确定性因素条件下得出的。接下来，本书放松收入为外生给定且不存在不确定性因素的假设，引入不确定性因素 ε，ε 越大，表明收入不确定性就越大。本书假定收入不确定性 ε 是人力资本（h）和社会资本（s）的减函数，即 $\varepsilon'_h < 0$，$\varepsilon'_s < 0$。

为简单起见，假设第一期收入 Y_1 是确定的，第二期收入存在不确定性，但是第二期的收入存在两种可能的状态 $Y_2+\varepsilon$ 和 $Y_2-\varepsilon$，其中 $\varepsilon>0$，且这两种可能的状态发生的概率为50%，故第二期收入的期望值为 Y_2。

此时居民的最优化选择问题为：

$$\max EU(c_1, c_2, h, s) = f(c_1) + \beta Ef(c_2) + m(h) + n(s) \tag{2-14}$$

$$\text{S. t. } P_1 \times c_1 + P_2 \times \frac{E(c_2)}{1+r} \leqslant Y_1 + \frac{E(Y_2)}{1+r}$$

其中 $E(\cdot)$ 为期望因子，此时最优化的一阶条件为：

$$f'(c_1) = \beta(1+r)\frac{P_1}{P_2}Ef'(c_2) \tag{2-15}$$

同样为简单起见，假设 $\beta(1+r)=1$，$P_1=P_2=1$，此时 $f'(c_1)=Ef'(c_2)$。由于收入存在不确定性，且居民选择平滑消费，令（$Y_1 - c_1$）作为储蓄，该储蓄将在第二期进行消费。又因为第二期的收入存在两种可能的状态（$Y_2 + \varepsilon$）和（$Y_2 - \varepsilon$），且概率为50%，所以第二期的消费同样存在两种状态。本书令 c_{21} 和 c_{22}代表第二期的消费状态，且 $c_{21} = Y_2 + \varepsilon + (Y_1 - c_1)(1 + r)$，$c_{22} = Y_2 - \varepsilon + (Y_1 - c_1)(1 + r)$。

此时，$Ef'(c_2) = \frac{1}{2}f'(c_{21}) + \frac{1}{2}f'(c_{22})$ （2－16）

最优化的一阶条件为：

$$f'(c_1) = Ef'(c_2) = \frac{1}{2}f'(c_{21}) + \frac{1}{2}f'(c_{22}) \quad (2-17)$$

居民社会融入函数为：

$$U(c_1, c_2, h, s) = f(c_1) + m(h) + n(s) + \frac{1}{2}\beta f(c_{21}) + \frac{1}{2}\beta f(c_{22}) \quad (2-18)$$

人力资本的边际效用为：

$$U'_h = m'_h + \frac{1}{2}\beta(f''_{c_{21}} - f''_{c_{22}}) \times \varepsilon'_h \quad (2-19)$$

社会资本的边际效用为：

$$U'_s = n'_s + \frac{1}{2}\beta(f''_{c_{21}} - f''_{c_{22}}) \times \varepsilon'_s \quad (2-20)$$

因为 $\varepsilon > 0$，所以 $c_{21} > c_{22}$。又因为$f''(\cdot) < 0$，所以$(f''_{c_{21}} - f''_{c_{22}}) < 0$。又因为本书假定收入不确定性 ε 是人力资本（h）和社会资本（s）的减函数，即 $\varepsilon'_h < 0$，$\varepsilon'_s < 0$，所以 $U'_h = m'_h + \frac{1}{2}\beta(f''_{c_{21}} - f''_{c_{22}}) \times \varepsilon'_h > m'_h$，$U'_s = n'_s + \frac{1}{2}\beta(f''_{c_{21}} - f''_{c_{22}}) \times \varepsilon'_s > n'_s$。本书将该结论概括为命题5。

命题5：存在收入不确定性条件下，人力资本和社会资本的边际效用大于收入确定情况下的边际效用，即收入不确定性条件下，人力资本和社会资本对居民社会融入影响的边际效用更大。

由命题 4 和命题 5 可知，人力资本和社会资本水平的提高显然会提高居民的社会融入程度，且收入存在不确定性因素的条件下，人力资本和社会资本的边际效用更大。

然而，在非正规就业群体中，许多农村劳动力的学历水平低，缺乏工作经验，并且雇主提供较少的技能培训，致使他们的人力资本存量显著低于正规就业者。此外，许多非正规部门没有正规的工作培训机会，非正规就业者的就业不稳定，工作转换频率高，降低了他们在某个固定工作岗位的经验，不利于非正规就业者的人力资本和社会资本的积累，从而也会降低非正规就业群体的社会融入程度。

2.2 文献综述

在前一节中介绍了几种比较典型的非正规就业理论及其相关研究，本节将进一步对现有的国内外关于非正规就业和社会融入的相关文献研究作详细的梳理，分析国内外学者对非正规就业和社会融入研究的成果和现状。对于非正规就业，已有文献主要从五个方面研究，分别是：非正规就业的概念界定、非正规就业对经济增长的影响、非正规就业对居民收入分配的影响及非正规就业对居民健康的影响及非正规就业对居民主观幸福感的影响。对于社会融入，已有文献主要从八个方面研究，分别是：社会融入概念界定、人力资本因素对社会融入的影响、社会保障对社会融入的影响、就业状况对社会融入的影响、社会交往和社会支持对社会融入的影响、归属感和精神健康对社会融入的影响、住房和迁移模式对社会融入的影响、农民工社会融入的代际差异和性别差异。

接下来，首先对非正规就业概念界定进行梳理，并给出本书对非正规就业的概念界定，然后分别梳理非正规就业对经济增长、居民收入分配、居民健康和居民主观幸福感影响，最后梳理居民社会融入影响因素的相关文献。

2.2.1 非正规就业研究综述

(1) 非正规就业概念界定

非正规就业最早是由国际劳工组织（ILO，1972）提出的，最初是指非正规部门就业。国际劳工组织指出，所谓“非正规部门”，是指不受国家管理或被国家法律法规压制的小规模企业、小贩、木匠和修理工等，以区别受国家管理和支持的大企业。后来，非正规就业的范围逐渐扩大到包括非正规企业和家庭部门中的就业，甚至还包括正规部门中进行的非正规就业。2003 年国际劳工组织进一步提出了非正规就业的统计指南，指出非正规就业应该将劳动者所在单位类型和个人就业的身份特征结合起来进行界定（ILO，2003），这为各国界定非正规就业的概念提供了基本的框架。

Radchenko（2014）认为与雇主没有签订劳动合同的劳动者从事的就是非正规就业，因此，将缺乏劳动合同的劳动力作为非正规就业的代理指标。Gunther et al.（2012）使用劳动力市场中自我就业者（即自我雇用者）的比例作为非正规就业的代理指标。Bargain et al.（2011）认为在非正规部门里就业的劳动者从事的就是非正规就业。Tansel（2000）认为非正规就业者应该是缺乏社会保险的非正规就业者和非正规自我雇用者（自雇型或者小于6个雇员的微型企业，但不包括专业技术人员）。而Gong et al.（2002）则认为非正规就业者必须满足以下三个条件之一：其一，用人单位不提供养老保险；其二，用人单位和劳动者没有签订劳动合同；其三，用人单位的雇用人数小于5人。Dolado et al.（2002）同样认为非正规就业者至少满足三个条件之一，但他们所指的三个条件分别为：其一，低技能的自我雇用者；其二，在小型私营企业工作的就业者；其三，无收入的工人，并且退休后没有养老金。Pagan et al.（2000）把非正规部门中没有签订劳动合同的就业者和自我就业者视为非正规就业者。虽然各国社会经济体制、经济活动特征以及文化特征不同，非正规就业的界定标准不完全相同，但总的来说，国外学者多数都赞同“非正规就业一般未与用人单位签订劳动合同，劳动关系相对比较脆弱，并且缺乏必要的社会保障等基本事实”（Funkhouser，1996）。

国内学者对非正规就业的概念界定不完全相同。常进雄等（2010）将非正规就业定义为有雇工的个体经营者、无雇工的个体经营者、临时工以及领取工资的家庭工人。由于他的研究对象为城镇非正规就业，所以将无雇工的个体经营者中的农民部分进行了剔除。薛进军等（2012）将非正规就业定义为家庭帮工、非正规部门和家庭部门中的自营劳动者、非正规部门的雇主以及从事非正规工作的雇员。杨帆（2015）将非正规就业定义为具有非正式的雇用关系（无合同、临时雇用等）、没有进入政府监管体系的就业。王海成等（2015）将非正规就业定义为没有签订劳动合同或者所在单位（雇主）没有为其提供养老保险。本书将近年来国内学者对非正规就业概念界定汇总为表2-1。

表 2-1 基于 ILO 框架的中国非正规就业概念界定

年份	作者	期刊	定义
2001	胡鞍钢 杨韵新	管理世界	1. 非正规部门里的各种就业门类； 2. 正规部门里临时性就业、非全日制就业、劳务派遣就业。
2007	吴要武 蔡昉	中国劳动经济学	1. 受雇于人，没有正式合同，且不是单位的正式职工； 2. 社区的家政钟点工，为居民家庭服务的人员、劳务派遣工、小时工和临时工； 3. 没有正式合同的的公益服务人员； 4. 受雇于人，但工资支付方式“按小时”“按天”“按周”发放和工资发放“无固定期限和无固定金额”的劳动者； 5. 家庭帮工、自营劳动者和个体工商户； 6. 受雇于人且工作单位为“个体经济性质”的劳动者； 7. 在正规部门工作，但就业形式为“劳务派遣工、小时工和临时工”者。
2010	常进雄 王丹枫	数量经济技术经济研究	1. 有雇工的个体经营者； 2. 无雇工的个体经营者； 3. 临时工和领取工资的家庭工人。
2012	薛进军 高文书	经济社会体制比较	1. 非正规部门和家庭部门中的自营劳动者或家庭帮工； 2. 非正规部门中的雇主或从事非正规工作的雇员。
2013	李雅楠 孙业亮 朱镜德	数量经济技术经济研究	1. 个体经营者、临时工、家庭工人； 2. 在政府机关、国有企事业单位和集体企业中的短期临时工、非全日制就业和劳务派遣就业。
2015	杨凡	人口研究	1. 具有非正式雇用关系（无合同、临时雇用等）的就业； 2. 没有进入政府监管体系的就业。
2015	王海成 郭敏	经济学动态	1. 单位（雇主）未同劳动者签订劳动合同； 2. 单位（雇主）未给劳动者提供养老保险。

续表

年份	作者	期刊	定义
2015	张廷吉 秦波	人口学刊	1. 非正规部门和家庭部门中的自营劳动者或家庭帮工； 2. 非正规部门中的雇主或从事非正规工作的雇员。
2016	黄耿志 薛得升 张虹鸥	地理研究	1. 个体工商户中的个体就业； 2. 私营企业中未签订劳动合同的就业； 3. 未登记注册企业中的就业。
2018	陆万军 张彬斌	经济学家	1. 没有签订劳动合同或不享有基本职工社会保险； 2. 自雇用和个体户。
2018	卢晶亮	经济学 （季刊）	1. 非公有企业中签订短期、临时合同或无合同的劳动者； 2. 国有企事业单位及集体企业中非正式编制的劳动者。

资料来源：中国知网。

总体来说，国内学者对非正规就业的概念界定主要是指，广泛存在于非正规部门和正规部门中的，有别于传统典型的就业形式。这里的非正规部门主要有：①个体经营户、家庭手工业户、雇工在 7 人以下的个人独资企业等由个人、家庭或合伙自办的为社会需要提供商品和服务的微型经营实体；②以社区、企业、非政府社团组织为依托，以创造就业和收入为主要经营目标的生产型和公益型劳动组织；③其他自负盈亏的独立劳动者。正规部门里的非正规就业形式，如短期临时就业、非全日制就业、劳务派遣就业、分包生产或服务项目的外部工人等，通常被认为是“正规部门里的非正规就业”（常进雄等，2010；薛进军等，2012；杨帆，2015；张抗私等，2016）。参考已有文献对非正规就业的定义，本书将非正规就业概念进行如下界定：无雇工的个体经营者、临时工、领取工资的家庭工人以及政府机关、国有企事业单位和集体企业中的短期临时工、非全日制就业和劳务派遣就业。非正规就业在 CLDS 和 CGSS 调查问卷中的主要定义为：①受他人雇用没有签订劳动合同；②单位没有提供养老保险；③目前的工作状态为个体经营者、零工、散工和劳务派遣工。

（2）非正规就业对经济增长的影响

国内外学者对非正规就业如何影响经济增长进行了大量实证研究，但始终存在争议。有的学者认为非正规就业对经济增长具有积极作用，因为非正规就业可以吸纳大量的剩余劳动力，不仅缓解就业压力，而且可以大大提高就业率。然而还有的学者认为非正规就业不利于经济的长久增长，因为大量非正规就业者的技能水平低下，从事的工作具有简单重复性特征，不利于扩大再生产。Dennis（1987）认为，由于支付给非正规就业者的工资水平低，非正规就业不仅可以降低企业的成本费用，还可以让大量的失业者找到工作，获得收入，故认为非正规就业可以促进经济增长。Friedrich 和 Dominik（2000）认为非正规就业者获得的劳动收入约 2/3 消费在了正规部门中，从这个角度来看，非正规就业对促进经济增长具有正向效应。此外还有观点认为非正规就业的灵活特征有利于企业家精神的培育，可以发挥更好的市场经济作用（Jacques，2012）。Norman（1996）利用拉美国家的统计数据研究发现，非正规就业对经济增长具有显著的抑制效应，非正规就业在非农就业中的占比每增加 1%，人均 GDP 增长率则降低 1.2%。他给出的解释为，非正规就业的占比越高，则税收越低。税收的降低影响了公共服务的质量，从而不利于正规经济的发展。Yair（2002）利用 25 个转型国家的数据进行实证研究发现，非正规就业不利于经济增长。国际劳工组织利用 38 个发展中国家的统计数据进行研究也得到了同样的结论，即一个国家非农就业中非正规就业的占比越高，该国人均 GDP 增长率则越低，两者呈现显著的负相关关系（ILO，2016）。Friedrich（2005）研究发现，非正规就业对经济增长的影响具有异质性：对于发达国家，非正规就业在非农就业中的占比每增加 1%，则人均 GDP 会增加 7.7% ~9.9%；对于发展中国家，非正规就业在非农就业中的占比每增加 1%，则人均 GDP 会降低 4.5% ~5.7%。他给出的解释为，对于发展中国家来说，非正规就业不利于国家正规经济的发展，不仅制约了一国的产业升级，而且还不利于一个国家的经济转型。

沈晓栋和李金昌（2011）利用 2008 年版国民经济核算体系新框架，首先从投资、消费、就业和金融四个维度测算出了中国非正规部门指数，然后在此基础上，实证检验了非正规部门对经济增长的影响。研究发现，中国非正规部门的年均增长率高于同期的经济增长率，两者之间存在正向关系，但是影响程度非常弱，非正规部门的规模每提高 1%，仅带动经济增长 0.053%。黄苏萍等（2009）利用中国统计数据计算出了东北三省非正规就业的规模、区域经济增长率及非正规就业对东北三省区域经济增长的贡献值。研究发现东北三省非正规就业人数均占总就业人口的 1/3 左右，经济贡献占三省 GDP 的 36%。这表明非正规就业对东北三省的经济增长具有显著的正向影响。周红燕等（2011）认为非正规就业具有巨大的发展优势，不仅可以缓解就业压力，也是改善我国产业结构、促进我国第三产业发展的重要力量。张廷吉等（2015）利用中国 31 个省（区、市）的面板数据，实证检验了城镇非正规就业对经济增长的影响，发现城镇非正规就业的比重在 38% 左右时，非正规就业对经济增长的正向作用最大。当非正规就业比重超过这一临界值并继续增长时，其对经济增长的抑制作用会越来越大。

(3) 非正规就业对居民收入分配的影响

国内外学者对正规就业与非正规就业之间的工资差异进行了大量实证研究，多数学者得出了一致的结论，即正规就业工资显著高于非正规就业。他们给出的经济学解释主要基于劳动力市场分割的观点，认为正规部门存在进入的高门槛障碍，使得非正规部门只能获得更低的回报（Bargain 和 Kwenda，2011）。Funkhouser（1996）利用家庭微观调查数据进行实证研究，发现正规部门就业人员教育回报率显著高于非正规部门。这些研究结果表明非正规就业是一种缺乏效率的就业方式，存在一定程度上的资源浪费。Tansel（2000）和 Pagan（2000）分别利用土耳其家庭消费数据和墨西哥微观调查数据进行实证分析，发现正规部门就业的工资溢价现象在男性劳动者身上得到很明显的体现，但对于女性劳动者而言却不明显。对于受教育程度因素，Gong et al.（2002）利用微观数据研究发现，受教育年限是造成群体工资差异的主要原因之一，正规就业的教育收益率明显高于非正规就业。此外，随着受教育年限增加，群体间工资差异有逐渐增大的趋势。还有一些学者基于劳动力市场分割的观点，认为由于正规就业存在门槛限制，非正规就业者缺乏必要的社会保障，失业率相对高于正规就业者，而收入水平要显著低于正规就业者，他们之间的工资差异在西班牙高达 47%，在德国也有将近 17% 的比例（Dolado，2002）。Bargain 和 Kwenda（2011）实证分析认为正规就业工资溢价现象在中低端工资分布中显著较高，而在较高端工资分布中则相对不那么明显。Gunther 和 Launov（2012）基于反事实分析法对科特迪瓦的实证数据研究指出，有近 44.8% 的低收入者是由于“生存选择”被动地选择从事非正规就业。Radchenko（2014）对埃及数据实证分析发现，在人力资本回报率、收入水平和就业选择机制三方面正规就业与非正规就业之间均存在较为明显的差异，尤其是非正规就业的人力资本回报率显著低于正规就业，这也许是造成他们之间存在显著工资差异的重要原因之一。然而还有部分学者得出了不一致的结论，Pratap 和 Quintion（2006）利用阿根廷的数据进行实证研究，在控制了自我选择的条件下，并没有发现非正规就业工资显著低于正规就业的证据。

近年来，国内学者也开始对正规就业与非正规就业工资差异进行实证研究，得出的结论基本一致，即城镇正规就业工资显著高于非正规就业工资。常进雄等（2010）利用 CHNS 数据，对我国正规就业与非正规就业之间的工资差异进行了实证研究，发现近年来正规就业的教育回报率和经验回报率显著高于非正规就业，且呈逐渐扩大趋势，而人力资本配置向正规就业倾斜是造成两者工资差异逐渐扩大的主要原因。魏下海等（2012）利用 2009 年 CHNS 数据对我国城镇正规就业与非正规就业的工资差异进行了分位数回归与分解，发现正规就业与非正规就业的教育回报率差异随着工资分布由低端到高端呈现先升后降趋势，在工资分布低端，工资差异主要来自非市场因素，而在工资分布高端，工资差异主要来自教育和经验等个人禀赋差异。屈小博（2012）利用 2010 年中国城市劳动力抽样调查数据，对正规就业与非正规就业的工资差异进行了实证研究，发现两类就业群体工资差异的 79.3% 可以被个人可观测的特征差异所解释。基于 2011 年中国社会状况综合调查数据，张廷吉等（2015）运用倾向值匹配方法控制内生性，对正规就业与非正规就业的收入差异进行实证研究，发现非正规就业总体的小时收入和月收入并未显著低于正规就业者，但该群体存在明显的异质性。杨凡（2015）通过控制选择偏差和实现数据平衡，运用了 4 种不同的倾向值分析方法对流动人口正规就业和非正规就业的工资差异进行了实证研究，发现正规就业者的工资显著高于非正规就业者，其中两者之间的工资差异不仅与就业者个人特征差异（如受教育水平、工作经验等）有关，还与劳动力市场分割以及市场对非正规就业者的歧视有关。丁述磊（2017）基于2006—2013年中国综合社会调查数据，利用分位数回归方法对中国正规就业与非正规就业的工资差异进行了估计，并对工资差异进行了分解，研究发现正规就业工资水平显著高于非正规就业，且在三个代表性分位数上，正规就业的教育收益率均高于非正规就业，同时两种就业方式的教育收益率随工资分位数由低到高呈现先升后降的趋势。相比正规就业，非正规就业性别歧视更为严重，而且随着工资分位数由低到高性别歧视程度逐渐加强。工资差异分解表明市场歧视造成的差异占总差异的比例显著高于特征差异。

（4）非正规就业对居民健康的影响

随着生活水平的提升，越来越多的人们开始注重自身的生活质量，良好的身体健康状况成为人们追求的目标之一。健康如同教育一样，也是人力资本的一种重要形式（Grossman，1972），它们在微观层面上通过影响劳动者的工作时间和劳动生产率，进而影响整个社会经济的总产出。学者对健康和经济增长的关系进行了大量实证研究，基本得到了一致的结论，即居民健康状况对国家经济发展具有显著影响，良好的身体健康状况可以提高劳动者的劳动生产率以及增加劳动供给时间，而健康冲击则会显著减少劳动者的工作时间和劳动生产率。

健康的影响因素有很多，不仅包括社会经济因素（收入、工作状况等），而且还包括社会人口因素（年龄、性别、教育和婚姻状况等）以及生活习惯（吸烟、喝酒和锻炼等）等诸多因素。周广肃等（2014）利用中国家庭追踪调查数据，分析了收入差距对中国居民健康水平的影响，研究发现，收入差距的扩大对居民健康水平具有显著的负向作用，其中最重要的原因是收入差距减少了医疗资源的配置，从而对健康产生负面影响。牛建林等（2011）利用深圳市调查数据，分析了城市外来务工人员的工作、生活环境与其身心健康状况之间的关系，研究发现，相对于其他社会经济因素而言，居住环境和工作环境对外来务工人员的健康具有更为突出的影响。俞林伟（2016）利用浙江温州的农民工调查数据，同样从居住条件和工作环境角度，分析了新生代农民工的健康状况。研究发现，新生代农民工的居住和工作环境普遍较差，不利的居住和工作环境显著降低了劳动者的健康状况，而且较差的工作环境作用更加突出。Fletcher et al.（2011）也得到了相同的结论，即有害的工作环境对劳动者的身心健康产生了严重的破坏作用，表现为焦虑、紧张和烦躁等心理状态，严重影响了他们的生产效率。胡安宁（2014）和程令国等（2014）利用不同的微观调查数据，分析了教育对居民健康的影响，研究发现教育对居民健康水平具有显著提升作用，同时医疗保险也是影响居民健康的重要因素。Levy 和 Melzer（2008）与 Wang et al.（2009）研究发现医疗保险对维护和提高居民健康水平具有重要作用。潘杰等（2013）利用 2007—2010 年国务院城镇居民基本医疗保险试点评估入户调查数据，分析了基本医疗保险对中国城镇居民健康的影响。

非正规就业对居民健康具有显著的负向影响。非正规就业对中低收入人群的健康状况影响最大。ILO（2016）指出，在许多发展中国家非农就业中超过一半的比例为非正规就业。非正规就业从业者更可能在工作条件差和工作安全性低的环境中工作，且较差的工作环境和较低的工作安全性对非正规就业者的健康状况具有极大的不利影响。非正规就业缺乏社会保障，不仅影响劳动者的健康状况和收入水平，而且降低了其生活质量。Cai et al.（2014）认为非正规就业会降低居民的健康状况，但由于测量方法不统一，所以很难精准估计非正规就业对居民健康的影响。还有一些学者研究发现非正规就业不仅降低了居民生理健康，而且还不利于居民的心理健康发展（Zhang et al.，2009）。Zucchelli et al.（2010）认为非正规就业的工作安全性是影响居民健康状况的重要因素，非正规就业的工作安全性对正规就业与非正规就业者的健康差异贡献率最大。此外，非正规就业对居民健康状况的影响具有异质性，其中非正规就业对女性健康状况的负向影响显著大于男性，女性健康状况更容易受到非正规就业的影响（Cai，2010）。

朱玲（2009）对农村迁移工人的工作时间和职业健康进行了实证研究，发现超时工作和不良的工作环境显著影响迁移工人的健康状况，其中小时工资较低、汇款回乡较多、未签订劳动合同者的工作时间超时可能性更大。然而小时工资较低和未签订劳动合同正是非正规就业人群的典型特征，由此可以看出非正规就业人群的身体健康状况相比正规就业人群更差。非正规就业者面临的工作环境也会影响他们的健康状况，良好的工作环境能降低居民遭受身体健康伤害的几率，这也是较高社会经济地位的群体在健康状况上具有优势的原因之一（Evans et al.，2002；刘丽杭等，2004）。相比正规就业人员，非正规就业人员的工作环境差，他们的健康状况也会受此影响。牛建林等（2011）通过在深圳市开展调查，对城市外来务工人员的工作环境与其健康状况进行了实证研究，发现相对于其他社会经济因素而言，外来务工人员的工作环境对其健康状况具有显著影响，不利的工作环境对其身心健康存在重要的负面效应。

（5）非正规就业对居民主观幸福感的影响

国外学者从理论上分析了非正规就业对主观幸福感的影响，得出了不同的结论。

①非正规就业可能会降低主观幸福感。首先，相比正规就业者，非正规就业者的工资水平相对更低，而工资水平是影响居民主观幸福感的重要因素之一（Easterlin，2001）。其次，由于用人单位没有同非正规就业者签订劳动合同，导致这些非正规就业者面临随时被解雇的风险，而面临的失业风险显著降低了居民的主观幸福感（Clark 和 Oswald，1994；Clark et al.，2008；王海成，2017）。最后，相比正规就业者，非正规就业者面临的工作环境更差，获得的福利待遇水平更低，同时他们得到的在职培训次数、人力资本提升机会相对更少，而这些正当权益的缺失无疑会极大地降低他们的主观幸福感（Draca 和 Green，2004）。

②非正规就业可能会增加主观幸福感。首先，部分非正规就业者在其从事非正规就业的过程中可以充分发挥比较优势，有助于获得更高的收入，这在一定程度上可以抵消当前面临的低工资水平所带来的幸福感损失（Green 和 Heywood，2011）。其次，Guest（2004）认为部分劳动者喜欢相对自由、自主的工作方式，因而就业形式相对灵活的非正规就业反而增加了他们的主观幸福感。最后，还有部分劳动者认为非正规就业只是他们从事更好职业的“垫脚石”，他们积累的工作经验有助于他们更好地从事正规就业。

关于非正规就业对主观幸福感影响的实证研究也得出了不同的结论。Taylor（2006）使用英国住户追踪调查（BHPS）1991—2000 年的面板数据，发现临时就业显著降低了人们的主观幸福感；然而 Bardasi 和 Francesconi（2004）同样使用该数据却发现临时就业并没有降低英国居民的主观幸福感。Robone et al.，(2011) 研究发现非正规就业对主观幸福感产生的负面影响取决于被访者的就业能力、家庭状况等因素。

国内学者也对非正规就业如何影响居民幸福感做了一些实证研究。部分学者研究发现非正规就业有助于缓解我国就业压力、优化产业结构升级、建立和完善劳动力市场，同时对处于收入分布底端的家庭具有减贫作用（陈淮，2001；蔡昉和王美艳，2004；罗楚亮，2008；吴要武和蔡昉 2007；都阳和万广华，2014）。然而还有部分学者研究发现相比正规就业部门，非正规就业部门的性别歧视更严重。王海成等（2015）利用 2006 年中国综合社会调查（CGSS）数据，实证研究发现非正规就业显著降低了劳动者的主观幸福感，而且分样本估计还发现，非正规就业市场上更加严重的性别歧视使得女性幸福感损失更大。

2.2.2 社会融入研究综述

(1) 社会融入概念界定

“社会融入”（social assimilation）是与“社会排斥”（social exclusion）相对立的一个独立概念。随着社会排斥概念的发展，社会融入逐渐得到学术界和政策制定者的关注，并逐渐成为福利政策日益重要的研究方向（Popkewitz 和 Lindblad，2000；Xu et al.，2011；徐丽敏，2014）。

在英文语境中，accommodation、fusion、inclusion、melting、integration 和 assimilation 等词都曾被学者用来描绘移民群体从发展中国家迁移到发达国家的融入/融合过程或状态（Davila et al.，2001；Van，2013）。Alba 和 Nee（2003）认为融入/融合（assimilation）是通过持续的接触（contact）、竞争（competition）和容纳（accommodation），逐步模糊社会边界（blurred social boundary）

并形成思想的渗透，最终达成互相包容的状态。Hirschman（1983）认为社会融入/融合（melting）应该从政治、经济、文化和居民主观认知（或主观态度）维度选取测量指标。South et al.（2005）和 Bleakley et al.（2010）研究发现，语言能显著影响移民群体在迁入国的社会融入/融合程度，如果移民群体能够较好地掌握迁入国的语言，那么会显著提高他们的社会融入/融合程度。Smith（2003）、Algan et al.（2010）和 Hamermesh et al.（2013）研究发现，经济收入水平和受教育水平对移民群体的社会融入/融合也具有重要影响，较高的经济收入和良好的教育水平对他们的社会融入具有积极的促进作用。Drinkwater et al.（2013）认为，如果迁入国政府对移民群体提供较少的医疗保险以及其他福利待遇，那么移民群体极易遭受健康风险，这在一定程度上阻碍了国际移民群体的社会融入/融合。

杨菊华（2009）认为“融入”不同于“融合”，“融合”是双向的，表示流入地文化和流出地文化的相互渗透，融汇到一起，形成一种差异文化的共存。然而，“融入”是单向的，指的是流动人口在经济、行为、文化和观念都融入流入地文化生活中。由于非正规就业群体往往属于弱势群体，处于被动地位，同时他们也希望自身能够融入主流社会之中，找到好的工作，获得更高的收入，享受与当地人同样的社会保障福利。国内多数学者使用的是“融入”概念（李培林和田丰，2012；罗明忠和卢颖霞，2013；向华丽，2013；李强和何龙斌，2016；卢海阳等，2016；杨金龙和王桂玲，2017；王春超和张呈磊，2017；马伟华，2018）。因此，本书使用“融入”概念，而不使用“融合”概念，来描述非正规就业群体的社会融入状况。

国内不同的学者对社会融入的定义不同。何军（2011）从劳动者的价值观念、行为方式和归属感角度选取指标，利用层次分析方法测算了农民工城市融入程度。秦立建和陈波（2014）对社会融入概念的界定分为三个层次，分别为心理认同、文化参与和社会经济融入，在此基础上，利用模糊集理论，构建出了农民工的城市融入指标体系。杨凡（2016）利用代表流动人口心理层面的综合指标来测算流动人口的社会融入程度，这些指标为“我喜欢北京”“我觉得北京人愿意接纳我”“我感觉北京人总是看不起外地人”“我认为自己是北京居民”。陆万军和张彬斌（2018）从农民工群体的城市身份认同感和他们在城市的定居意愿测度农民工群体的社会融入度，对于感觉自己是本地人、计划在本地购房或已经在本地购房的居民，他们的社会融入相对较高。钱泽森和朱嘉晔（2018）利用因子分析方法，通过将社会融入指标体系中的诸多指标进行降维，来测度农民工的城市融入度。

（2）人力资本因素对社会融入的影响

李强和何龙斌（2016）利用2012年全国流动人口抽样调查数据，从经济融入、政治融入和心理融入角度出发，分析了人力资本对流动人口城市融入的影响，发现学历水平、工作年限、健康状况和工作转换次数对流动人口的城市融入具有显著影响。卢海阳等（2016）利用2013年全国21个省份的农民工微观调研数据，对农民工融入城市行为进行了分析，发现以受教育年限和工作培训为主要形式的人力资本对农民工城市融入具有显著的正向影响。健康人力资本则是农民工实现更高层次融入转变的关键因素。此外，农民工城市融入存在一定程度的性别差异和代际差异。杨金龙和王桂玲（2017）利用山东微观调研数据，对失地农民城市社会融入结构特性进行了分析，发现年龄与城市社会融入呈现倒U形关系，人力资本水平的提升会显著提高城市社会融入程度，政治面貌为党员对社会融入具有显著的促进作用。

（3）社会保障对社会融入的影响

秦立建等（2014）利用国家卫计委2010年农民工城市融入状况专项调查数据，对医疗保险如何影响农民工城市融入进行了实证研究，发现医疗保险对农民工城市融入的影响存在分位点效应，在低分位点上，医疗保险对农民工的城市融入影响不显著，而随着分位点的提高，医疗保险对农民工城市融入具有显著正向影响，而且影响程度不断增强。陈云松等（2015）利用中国社会调查和相关城市统计资料，分析了城镇化的不平等效应对社会融入的影响，发现城镇化的不平等效应（包括社会保险、文化生活、身份认同等）显著降低了居民社会融入程度。马超等（2017）利用2014年流动人口卫生计生动态监测调查数据，对城乡医保统筹制度如何影响农业流动人口心理层面的社会融入进行了实证检验，研究发现城乡医保统筹制度能够显著提升他们心理层面的社会融入程度。笔者认为，城乡医保统筹能够提高流动人口接受的医疗服务水平，显著提高他们对本地的心理归属感。

（4）就业状况对社会融入的影响

潘泽泉等（2015）运用湖南省农民工“三融入”调查数据，探讨了农民工劳动时间对其社会融入的影响，发现劳动时间显著降低了农民工的社会融入程度。杨菊华（2015）通过对2013年流动人口社会融合个人数据和社区数据的分析，发现流动人口就业状况不稳定，总体社会融入水平一般，就业不稳定、制度约束和结构排斥使得经济和社会方面的融入进程严重滞后于文化和心理方面的融入进程。陆万军和张彬斌（2018）实证检验了就业类型和职工社会保险对农民工城市融入的影响，研究发现非正规就业和职工社会保险是影响农民工城市融入的重要因素。非正规就业显著降低了农民工的城市融入程度，如果没有职业社会保险同样也会降低农民工的城市融入程度。钱泽森和朱嘉晔（2018）利用2011—2015年29个省份的农民工家庭微观调研数据，从经济融入、社会融入、文化融入和身份融入角度系统研究了农民工城市融入现状、变化趋势及其影响因素。研究发现，2011年以来，农民工城市融入程度有明显提高的趋势。在经济融入方面，农民工自主创业的比例不断提高，就业趋于多元化，消费水平也不断提高。在社会融入方面，农民工业开始加入城镇社会保障体系。在文化融入方面，农民工开始融入城市的生活方式，接受城市的价值观念。在身份融入方面，非农户口的农民工比例也在增加。

（5）社会交往和社会支持对社会融入的影响

社会交往与社会融入之间存在密不可分的关系。潘泽泉和何倩（2017）从社会交往、居住空间和主观地位认知角度研究了农民工的身份认同和心理层面城市融入状况。研究发现农民工的主观地位和阶层认知显著影响农民工的身份认同和心理层面的城市融入状况。笔者认为，为了避免农民工被隔离和边缘化，应该重点提高社区支持性服务，帮助农民工建立和完善社会支持网络，提高农民工的人际交往和环境适应能力。闭伟宁和张桂凤（2018）从社会交往角度分析了农民工社会融入面临的困境，指出身份特征、工作时间和居住环境是影响农民工社会融入的重要因素。为了提高农民工的社会融入程度，应该重点从社区建设和舆论导向等方面入手。马俊毅（2017）从治理现代化的视角分析了少数民族的权利保障与社会融入之间的关系，指出以人权保护为基础的少数人权保护，有利于少数民族实现社会融入。马伟华（2018）认为构建良好的社会支持网是帮助少数民族流动人口在新的环境中适应社会文化和文化变迁的有效路径，有利于提高他们的城市融入程度。

（6）归属感和精神健康对社会融入的影响

心理上的归属感是影响社会融入的重要因素之一。如果在心理上没有归属感，而是充满了排斥感，会显著降低流动人口在劳动就业和经济生活方面的社会融入程度（Kenyon et al.，2002）。聂伟和风笑天（2013）利用珠三角 3086 名外来农民工微观调查数据，分析了农民工的城市融入和精神健康之间的关系，发现农民工整体精神健康状况欠佳，市场融入、劳动权益保护融入和住房融入对农民工精神健康状况会产生重要影响，社会融入在一定程度上能起到调节作用。罗明忠和卢颖霞（2013）利用广东省佛山市南海区外来农民工微观调查数据，分析了职业认同对农民工城市融入的影响。研究发现职业认同水平与农民工的城市融入呈现显著的正相关关系。拥有积极的职业认同，会显著提高农民工的精神健康状况（Hirschi，2011），进而有利于优化他们的职业选择（Malanchuk et al.，2010），使他们更好地融入城市生活。

（7）住房和迁移模式对社会融入的影响

韩俊强（2013）利用 2012 年武汉市调研数据，对农民工住房情况与城市融入之间的关系进行了分析，实证研究结果发现，相对于住在集体宿舍、公棚和生产场所的农民工来说，租房和拥有自己住房的农民工融入城市的概率更大。王胜今和许世存（2013）利用吉林省的微观调查数据，分析了流入人口社会融入感的结构状况及其影响因素。研究发现是否拥有住房、是否拥有职工医疗保险、工作时间与工作强度会显著影响流入者的社会融入程度。此外，个体的人际交往和社会参与也会显著影响流入者的社会融入程度。王春超和张呈磊（2017）认为“家庭迁移”模式下的农民工城市融入意愿、本地人身份认同感以及长期定居意愿均显著高于个体迁移者。

(8) 农民工社会融入的代际差异和性别差异

何军（2011）依据江苏省农民工的调查数据，采用分位数回归方法分析了新生代农民工与第一代农民工的城市融入影响因素，发现收入水平、社会资本和受教育水平是影响两代农民工城市融入的重要因素，其中受教育水平对第一代农民工城市融入影响更显著，而社会资本对新生代农民工城市融入的影响作用更大。李培林和田丰（2012）认为新生代农民工社会融入与老一代相比并没有根本差异，人力资本因素对社会融入的影响主要体现在农民工的工作技能上。此外，政策制度对农民工的社会融入具有重要影响。卢小君和孟娜（2014）利用对大连市 1011 名农民工的调查数据，系统研究了第一代农民工社会融入程度与新生代农民工的差异，发现第一代农民工在心理、社会和经济三个层面的社会融入状况与新生代农民工存在显著差异。第一代农民工主要是经济融入，而新生代农民工则主要是心理融入和社会融入。向华丽（2013）利用湖北 3 市 1122 名女性农民工微观调研数据，对女性农民工的社会融入现状及其影响因素进行了分析，发现与男性农民工相比，女性农民工融入社会的渠道更加单一，行业分布更为狭窄。此外，女性农民工的个体心理特征对她们的社会融入程度影响更加明显。

2.3 本章小结

已有文献关于居民社会融入问题的研究取得了一定程度的进展，但是仍然有以下两个问题需要进一步完善。其一，对已有文献中涉及的社会融入程度评价指标体系进行指标补充。目前国内多数学者主要选取主观指标对社会融入进行概念界定，包括定居意愿、心理感受、文化参与、价值观念等，鲜有考虑居民的客观指标，如朋友数量、收入水平和受教育年限等。其二，鲜有文献从经济学和社会学交叉角度，实证检验非正规就业对居民社会融入的影响及其传导效应。社会融入能综合反映居民的社会心理状态，居民的社会融入程度越高，表明居民的社会心理越健康，同时还能反映一个国家的社会和谐程度越高。党的十九大报告提出贯彻新发展理念，建设现代化经济体系要求建立健全城乡融合发展体制机制和政策体系。在中国经济转型背景下，系统研究非正规就业对居民社会融入问题，具有重要的现实意义。同时，该研究为健全和完善中国劳动力市场提供了实证支持，劳动力市场的完善有利于为从事非正规就业的劳动者营造良好的就业环境，有利于增强社会凝聚力，有利于为实现“中国梦”奠定健康的社会心理动力源。基于以上认识，本书利用中国劳动力动态调查数据和中国综合社会调查数据，首先构建一个包含主客观指标的居民社会融入程度评价指标体系，然后利用计量回归方法实证研究非正规就业对居民社会融入的影响及其传导效应。

3 居民社会融入程度评价指标体系构建

3.1 数据来源

本书使用的数据来自 CLDS（2016）。该调查是中山大学社会科学特色数据库建设专项内容，通过每两年一次的动态追踪调查，建立劳动力、家庭和社区三个层次的追踪数据库，从而为实证研究提供了基础数据。由于该调查包括详尽的居民人口学特征、经济活动等方面的数据，因此该调查数据已成为对个人微观行为进行研究的重要数据来源。本书的研究对象为年龄在 18—60 岁的居民。剔除数据缺失的样本之后，本书最终得到了 3 517 个有效微观样本。该有效样本包含了 28 个省（自治区、直辖市），这表明本书的研究样本基本涵盖了全国大部分地区，具有理想的代表性。

3.2 指标选取

本书的因变量为居民社会融入程度。居民社会融入的内涵比较复杂，不仅要考虑居民的经济因素（如经济收入水平）、社会因素（如人际交往）、制度因素（如户籍制度），还要考虑居民的文化心理因素（如社会认同、价值观念等）。国内不同的学者对社会融入的定义不同。何军（2011）从劳动者的价值观念、行为方式和归属感角度选取指标，利用层次分析方法测算了农民工城市融入程度。秦立建和陈波（2014）对社会融入概念的界定分为三个层次，分别为心理认同、文化参与和社会经济融入，在此基础上，利用模糊集理论，构建出了农民工的城市融入指标体系。杨凡（2016）利用代表流动人口心理层面的综合指标来测算流动人口的社会融入程度，这些指标为"我喜欢北京""我觉得北京人愿意接纳我""我感觉北京人总是看不起外地人""我认为自己是北京居民"。陆万军和张彬斌（2018）从农民工群体的城市身份认同感和他们在城市的定居意愿测度农民工群体的社会融入，对于感觉自己是本地人、计划在本地购房或已经在本地购房的居民，他们的社会融入相对较高。钱泽森和朱嘉晔（2018）利用因子分析方法，通过将社会融入指标体系中的诸多指标进行降维，来测度农民工的城市融入程度。

本书在借鉴已有文献的基础之上，结合 CLDS 调查问卷的设计，运用因子分析方法，计算居民社会融入程度的得分。由于居民社会融入程度是一个综合性的概念，为了全面、系统地对居民社会融入程度进行测评与比较，评价指标的选取应根据严密科学性、全面系统性、简明实用性等原则，从多个角度进行综合考虑。本书根据调查问卷的内容，从主观和客观两个方面构建了包含 20 个指标的居民社会融入程度评价指标体系，具体指标名称与问卷问题见表 3－1。

表 3-1 各指标性质与名称

<table>
<tr><th>指标性质</th><th>指标名称</th><th>指标量化</th><th>对应问卷调查</th></tr>
<tr><td rowspan="8">客观</td><td>户籍状况</td><td>X_1</td><td>您目前的户口性质是?</td></tr>
<tr><td>医疗保险</td><td>X_2</td><td>目前，您是否参加医疗保险?</td></tr>
<tr><td>养老保险</td><td>X_3</td><td>目前，您是否参加养老保险?</td></tr>
<tr><td>受教育年限</td><td>X_4</td><td>您的最高学历是?</td></tr>
<tr><td>周工作时间</td><td>X_5</td><td>您一般一周工作几个小时?</td></tr>
<tr><td>年收入对数</td><td>X_6</td><td>2015 年您各类收入总计是多少元?</td></tr>
<tr><td>劳动合同</td><td>X_7</td><td>目前是否签订书面劳动合同?</td></tr>
<tr><td>朋友数量</td><td>X_8</td><td>在本地，您有几个关系亲密的朋友?</td></tr>
<tr><td rowspan="12">主观</td><td>邻里/街坊居民熟悉度</td><td>X_9</td><td>您和邻里，街坊居民的熟悉度是怎样的?</td></tr>
<tr><td>社区居民信任度</td><td>X_{10}</td><td>您对邻居，街坊居民信任吗?</td></tr>
<tr><td>社区居民互助频率</td><td>X_{11}</td><td>您和邻里，街坊居民之间的互助频率是?</td></tr>
<tr><td>社区居民交往频率</td><td>X_{12}</td><td>您和居住社区的居民交往频率是?</td></tr>
<tr><td>本地方言水平</td><td>X_{13}</td><td>您的本地方言水平掌握程度如何?</td></tr>
<tr><td>和朋友在外就餐状况</td><td>X_{14}</td><td>在过去三个月，您陪朋友在外就餐过吗?</td></tr>
<tr><td>工作安全满意度</td><td>X_{15}</td><td>您对目前工作安全性评价如何?</td></tr>
<tr><td>工作环境满意度</td><td>X_{16}</td><td>您对目前工作环境评价如何?</td></tr>
<tr><td>主观幸福感</td><td>X_{17}</td><td>您认为您的生活是否过得幸福?</td></tr>
<tr><td>公平认知度</td><td>X_{18}</td><td>您认为目前生活和付出的努力是否公平?</td></tr>
<tr><td>自评社会地位</td><td>X_{19}</td><td>您认为您自己目前在哪个等级上?</td></tr>
<tr><td>健康状况</td><td>X_{20}</td><td>您认为自己现在的健康状况如何?</td></tr>
</table>

客观指标共选取了 8 个，分别为户籍状况、医疗保险、养老保险、受教育年限、周工作时间、年收入对数、劳动合同和朋友数量。其中，对于户籍状况变量，本书将城镇户籍赋值为 1，农村户籍赋值为 0；对于医疗保险和养老保险变量，本书将参保赋值为 1，未参保赋值为 0；对于受教育年限变量，本书将

小学赋值为6，初中赋值为9，高中赋值为12，大学赋值为16，研究生及以上赋值为19；对于周工作时间变量，本书将周工作时间大于112小时的样本作为离群值，进行了删除；年收入对数变量是指居民个人年收入的对数；对于劳动合同变量，本书将签订劳动合同赋值为1，未签订赋值为0；对于朋友数量，本书将没有朋友赋值为1，拥有1—5个朋友赋值为2，拥有6—10个朋友赋值为3，拥有11—15个朋友赋值为4，拥有16个朋友及以上赋值为5。

主观指标选取了12个，分别为邻里/街坊居民熟悉度、社区居民信任度、社区居民互助频率、社区居民交往频率、本地方言水平和朋友在外就餐状况、工作安全满意度、工作环境满意度、主观幸福感、公平认知度、自评社会地位、健康状况。其中，对于邻里/街坊居民熟悉度，本书将非常不熟悉赋值为1，不太熟悉赋值为2，一般赋值为3，比较熟悉赋值为4，非常熟悉赋值为5；对于社区居民信任度，本书将非常不信任赋值为1，不太信任赋值为2，一般赋值为3，比较信任赋值为4，非常信任赋值为5；对于居民社区交往频率，本书将从不赋值为1，偶尔赋值为2，有时赋值为3，经常赋值为4（该变量对应的选项只有4个）；对于社区居民互助频率，本书将非常少赋值为1，比较少赋值为2，一般赋值为3，比较多赋值为4，非常多赋值为5。对于本地方言水平，本书将根本不会赋值为1，掌握一点点赋值为2，掌握部分赋值为3，掌握大部分赋值为4，完全掌握赋值为5。对于和朋友在外就餐状况，本书将从不赋值为1，很少赋值为2，有时赋值为3，较多赋值为4，经常赋值为5；对于工作安全满意度和工作环境满意度，本书将非常不满意、不太满意、一般、比较满意和非常满意依次赋值为1—5；对于主观幸福感，本书赋值为1—5代表满意度依次增高；对于公平认知度，本书将完全不公平赋值为1，比较不公平赋值为2，说不上公平但也不能说不公平赋值为3，比较公平赋值为4，完全公平赋值为5；对于自评社会地位，本书赋值为0—10代表自评社会地位依次增强；对于健康状况，本书将非常不健康、比较不健康、一般、比较健康和非常健康依次赋值为1—5。

3.3 因子分析

本书利用因子分析方法，分析居民社会融入的影响因素，具体的模型可以表示为：

$$X_j = a_{j1}F_1 + a_{j2}F_2 + \cdots + a_{jp}F_p + \varepsilon_j (j = 1,2,\cdots,20)(p \leqslant 20) \quad (3-1)$$

其中，X_j 代表选取的20个原指标变量，F_m 代表降维之后得到的公共因子（$m=1, 2, \cdots, p$），a_{jm}表示第 j 个原指标变量与第 m 个公共因子之间的相关系数，称为因子载荷，ε_j 表示与原指标变量相对应的特殊因子。

3.3.1 KMO与Bartlett的球形度检验

为了检测所使用的样本数据是否适合进行因子分析以及选取指标变量之间的相关性如何，需要运用KMO样本测度法与Bartlett球形度检验对模型适用性和指标的相关性进行检验。本书检验结果显示，KMO检验值为0.798 >0.7，表明样本数据适合进行因子分析，Bartlett球形检验卡方统计值的显著性水平为0.000 <0.0001，表明所选指标变量之间具有较强的相关性，适合运用因子分析方法。具体检测结果详见表3-2。

表 3－2　　KMO 与 Bartlett 的球形度检验

取样足够度的 Kaiser－Meyer－Olkin 度量		0.798
Bartlett 的球形度检验	近似卡方	9 642.568
	自由度	120
	显著性水平	0.000

3.3.2 公共因子的特征值与贡献率

本书利用 SPSS 统计软件，通过主成分分析方法计算初始公共因子的特征值及其方差贡献率。所提取的前 8 个公因子特征值的累计总方差贡献率达到了 77.333%，解释了原变量的绝大部分信息，这表明可以用这 8 个公共因子来代替原来的 20 个指标变量，对居民社会融入程度状况进行测评和比较（见表 3－3）。

表 3－3　　解释的总方差

因子	初始特征值			提取平方和载入			旋转平方和载入		
	合计	方差的%	累积%	合计	方差的%	累积%	合计	方差的%	累积%
1	2.987	19.646	19.646	2.987	19.646	19.646	1.852	11.636	11.636
2	2.103	13.514	33.160	2.103	13.514	33.160	1.736	11.286	22.922
3	1.551	9.872	43.032	1.551	9.872	43.032	1.684	10.749	33.671
4	1.424	8.933	51.965	1.424	8.933	51.965	1.500	9.899	43.570
5	1.216	7.585	59.550	1.216	7.585	59.550	1.489	9.279	52.849
6	1.098	6.541	66.091	1.098	6.541	66.091	1.401	9.125	61.974
7	0.964	6.013	72.104	0.964	6.013	72.104	1.224	7.733	69.707
8	0.832	5.229	77.333	0.832	5.229	77.333	1.213	7.626	77.333

注：提取方法为主成分分析法。

由表 3－3 可知，居民社会融入程度的综合评价得分，可由上述的 8 个公因子加权汇总得到，具体每个公因子的权重为其旋转方差贡献率占总的累积方差贡献率的比重。因此，居民社会融入程度的综合评价得分为：

$$F_{综} = [0.116 \times F_1 + 0.113 \times F_2 + 0.107 \times F_3 + 0.099 \times F_4 + 0.093 \times F_5 + 0.091 \times F_6 + 0.077 \times F_7 + 0.076 \times F_8]/0.773 \quad (3-2)$$

3.3.3 因子旋转与旋转后的载荷矩阵

对提取的8个公共因子建立的初级因子载荷矩阵含义不明显，为了方便对各因子载荷进行合理的解释，采用最大方差法对因子进行正交旋转，使每个因子载荷的平方按列向0或1两极分化，得到方差最大化的因子载荷矩阵，并且旋转后的总方差累计贡献率不变。如表3－4所示，因子旋转在7次迭代后收敛，公因子的载荷量出现了明显的分化趋势。

表3－4　　旋转成分矩阵

指标名称	成分							
	1	2	3	4	5	6	7	8
户籍状况	0.485	-0.049	0.058	0.329	0.202	-0.051	0.582	-0.128
医疗保险	-0.026	-0.013	0.02	-0.06	0.07	0.897	0.07	-0.048
养老保险	0.407	0.111	0.016	0.318	-0.092	0.587	-0.062	0.043
受教育年限	0.591	-0.095	0.796	0.452	0.213	-0.093	0.099	0.026
周工作时间	-0.802	0.02	-0.106	-0.147	-0.121	-0.103	-0.015	-0.029
年收入对数	0.721	-0.067	0.05	-0.093	0.302	-0.024	0.164	-0.027
劳动合同	0.682	-0.064	0.005	0.11	-0.092	0.216	-0.114	0.12
朋友数量	-0.042	0.251	0.029	0.677	0.253	0.078	0.04	0.052
邻里/街坊居民熟悉度	-0.166	0.757	-0.014	-0.026	0.049	0.051	0.039	0.036

续表

指标名称	成分							
	1	2	3	4	5	6	7	8
社区居民信任度	0.021	0.884	0.059	-0.033	0.021	-0.013	0.055	0.039
社区居民互助频率	-0.176	0.747	-0.021	-0.030	0.051	0.040	0.057	0.042
社区居民交往频率	0.031	0.704	0.077	-0.063	0.044	-0.053	0.075	0.041
本地方言水平	0.033	0.784	0.051	-0.037	0.001	-0.060	0.095	0.055
和朋友在外就餐状况	0.259	-0.163	0.02	0.586	0.015	-0.051	0.014	0.074
工作安全满意度	0.628	0.021	0.201	0.046	0.003	0.006	0.066	0.041
工作环境满意度	0.763	0.025	0.183	0.109	0.048	0.023	0.056	0.079
主观幸福感	0.032	0.113	0.105	0.14	0.546	0.041	0.224	0.218
公平认知度	0.012	0.108	0.090	0.13	0.678	0.052	0.210	0.408
自评社会地位	0.049	0.047	0.074	0.016	0.533	0.024	0.206	0.703
健康状况	0.053	0.029	0.774	-0.08	0.092	-0.042	0.001	0.301
因子命名	就业状况	社区参与	人力资本	朋友交往	主观认知	社会保障	户籍状况	社会地位

注：①提取方法：主成分分析法。

②旋转法：具有 Kaiser 标准化的正交旋转法。

③旋转在 7 次迭代后收敛。

由表 3－4 可知，原来的 20 个指标变量降维为 8 个因子。具体来看，公因子 F_1 在周工作时间、年收入对数、劳动合同、工作安全满意度和工作环境满意度这 5 个变量上具有较高的载荷量，本书将其定义为就业状况。公因子 F_2 在邻里/街坊居民熟悉度、社区居民信任度、社区居民互助频率、社区居民交往频率和本地方言水平变量上具有较高载荷量，本书将其定义为社区参与。公因子 F_3 在受教育年限和健康状况变量上具有较高的载荷量，本书将其定义为人力资本。公因子 F_4 在朋友数量、和朋友在外就餐状况变量上具有较高载荷，本书将其定义为朋友交往。公因子 F_5 在主观幸福感和公平认知度变量上载荷量较高，本书将其定义为主观认知。公因子 F_6 在医疗保险和养老保险变量上具有较高载荷量，本书将其定义为社会保障。公因子 F_7 在户籍状况变量上载荷量较高，本书将其定义为户籍状况。公因子 F_8 在自评社会地位变量上载荷量较高，本书将其定义为社会地位。

根据以上分析结果，本书构建了居民社会融入程度评价指标体系，具体的指标体系构建和因子权重如表 3 -5 所示。

表 3 -5　　居民社会融入程度评价指标体系

目标层	准则层（一级指标）	指标层（二级指标）	因子权重
居民社会融入程度	就业状况（因子）	周工作时间	0.150
		年收入对数	
		劳动合同	
		工作安全满意度	
		工作环境满意度	
	社区参与（因子）	邻里/街坊居民熟悉度	0.146
		社区居民信任度	
		社会居民互助频率	
		社区居民交往频率	
		本地方言水平	
	人力资本（因子）	健康状况	0.139
		受教育年限	

续表

目标层	准则层（一级指标）	指标层（二级指标）	因子权重
居民社会融入程度	朋友交往（因子）	朋友数量	0.128
		和朋友在外就餐状况	
	主观认知（因子）	公平认知度	0.120
		主观幸福感	
	社会保障（因子）	医疗保险（参保 =1）	0.118
		养老保险（参保 =1）	
	户籍状况（因子）	户籍状况	0.100
	社会地位（因子）	自评社会地位	0.099

3.4 本章小结

构建的居民社会融入程度评价指标体系显示，影响居民社会融入的一级指标共有 8 个，其中影响最大的一级指标为就业状况，权重为 0.150。这表明就业状况对居民社会融入的影响不可小觑，如果就业质量相对较差，显然会降低居民社会融入程度。此外，社区参与度对居民社会融入的影响排在第二位，权重为 0.146；人力资本因素的影响排在三位，权重为 0.139；朋友交往因素的影响排在第四位，权重为 0.128；主观认知因素的影响排在第五位，权重为 0.120；社会保障因素的影响排在第六位，权重为 0.118；户籍状况因素的影响排在第七位，权重为 0.100；排在第八位的是社会地位。由于非正规就业群体的工作时间较长、工作环境较差、工资收入较低并且缺乏社会保障，进而严重影响了他们的就业质量，这对他们的社会融入程度也会造成显著的负向效应。接下来，本书根据该指标体系，计算出居民社会融入的得分，对非正规就业如何影响居民社会融入进行实证分析。同时，分别从工资、健康、公平认知和主观幸福感角度出发，分析非正规就业的工资效应、健康效应、公平认知和幸福感效应，进一步研究非正规就业对居民社会融入影响的传导效应。

4 非正规就业对居民社会融入影响的实证分析

4.1 数据来源、模型选择与变量描述

4.1.1 数据来源

本书使用的数据来自 CLDS（2016）。该调查是中山大学社会科学特色数据库建设专项内容，通过每两年一次的动态追踪调查，建立劳动力、家庭和社区三个层次的追踪数据库，从而为实证研究提供了基础数据。由于该调查包括详尽的居民人口学特征、经济活动等方面的数据，因此该调查数据已成为对个人微观行为进行研究的重要数据来源。本书的研究对象为年龄在 18—60 岁的居民。剔除数据缺失的样本之后，本书最终得到了 3 517 个有效微观样本。该有效样本包含了 28 个省（自治区、直辖市），这表明本书的研究样本基本涵盖了全国大部分地区，具有理想的代表性。

4.1.2 模型选择

本书建立的非正规就业对居民社会融入影响的多元回归模

型如下所示：

$$Y_i = \alpha_i + \beta_i X_i + \varepsilon_i \tag{4-1}$$

式（4－1）中：Y_i 表示居民社会融入程度，根据第3章构建的居民社会融入程度评价指标体系计算所得；X_i 表示包括非正规就业在内的所有解释变量的向量；β_i 为相应系数向量；α_i 表示常数项；ε_i 为随机误差项。在具体的估计策略上，本书首先采用OLS回归方法对式（4－1）模型进行估计。然而，OLS回归方法只能估计非正规就业对居民社会融入程度期望值的影响，无法分析在居民社会融入程度条件分布的不同位置上非正规就业对其影响。因此，本书继续采用分位数回归方法（Quantile Regression），考察在条件分布的不同位置，非正规就业对居民社会融入的影响。分位数回归方法是均值回归（OLS）的拓展。分位数回归可以在不同分位数水平上，通过最小化残差绝对值的加权平均来拟合被解释变量与解释变量的线性函数，其优点是不易受极端值的影响就可得到更稳健的结果。本书建立的分位数回归模型如下所示：

$$Q_{i\theta}(Y_i \mid X_i) = X_i \beta_{i\theta} + u_{i\theta} \tag{4-2}$$

其中，$Q_{i\theta}(Y_i \mid X_i)$ 表示在给定解释变量 X_i 的情况下与分位数 θ 相对应的条件分位数。分位数回归可以选取任意特定分位数进行参数估计，其中代表性的分位数为0.25、0.5和0.75，并通过最小化方程（4－3）得到系数估计值。

$$\min\left\{ \sum_{i:Y_i \geqslant X_i\beta(\theta)} \theta \mid Y_i - X_i\beta(\theta) \mid + \sum_{i:Y_i < X_i\beta(\theta)} (1-\theta) \mid Y_i - X_i\beta(\theta) \mid \right\} \tag{4-3}$$

4.1.3 变量描述

本书的被解释变量为居民社会融入程度，是根据构建的指标体系，运用因子分析方法计算得到的。为了更形象地描绘出正规就业群体与非正规就业群体社会融入的分布状况，本书画出了两种就业群体的社会融入核密度图（见图4－1），图4－1中纵坐标代表密度值，横轴代表居民社会融入。由图4－1可知，正规就业群体社会融入程度显著高于非正规就业群体。同时本书将非正规就业赋值为1，正规就业赋值为0。

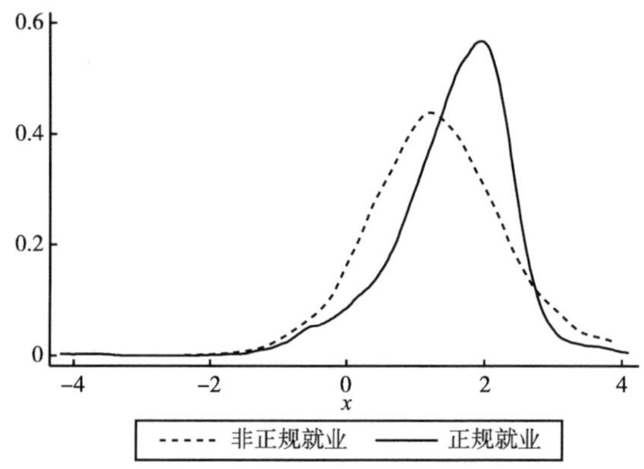

图4－1　正规就业与非正规就业居民社会融入的核密度图

由于居民社会融入程度还受到其他因素的影响，本书引入了控制变量。本书的控制变量包括性别、政治面貌、宗教信仰、工作安全满意度、年收入对数、周工作时间、朋友数量、邻里/街坊居民熟悉度、主观幸福感、自评社会地位以及医疗保险。对于性别变量，本书将男性赋值为1，女性赋值为0；对于政治面貌变量，本书将中共党员赋值为1，其他赋值为0；对于宗教信仰变量，本书将有宗教信仰赋值为1，其他赋值为0；对于工作安全满意度变量，本书将非常不满意、不太满意、一般、比较满意和非常满意依次赋值为1—5；年收入对数变量是指居民个人年收入的对数；周工作时间是指居民每周工作的小时；对于朋友数量，本书将没有朋友赋值为 1，拥有 1—5 个朋友赋值为 2，拥有 6—10 个朋友赋值为 3，拥有 11—15 个朋友赋值为 4，拥有 16 个朋友及以上赋值为 5；对于邻里/街坊居民熟悉度，本书将非常不熟悉赋值为 1，不太熟悉赋值为 2，一般赋值为 3，比较熟悉赋值为 4，非常熟悉赋值为 5；对于主观幸福感，本书赋值为 1—5 代表满意度依次增高；对于自评社会地位，本书赋值为 0—10 代表自评社会地位依次增强；对于医疗保险，本书将参保赋值为 1，其他为 0。以上变量的描述性统计结果如表 4 – 1 所示。

表 4 – 1　　变量的描述性统计分析

变量	变量描述	均值	标准差	最小值	最大值
社会融入	根据因子分析计算所得	1.820	1.032	–3.328	4.109
非正规就业	非正规就业赋值为 1，其他赋值为 0	0.466	0.517	0.000	1.000
性别	男性赋值为 1，女性赋值为 0	0.569	0.618	0.000	1.000
政治面貌	中共党员赋值为 1，其他赋值为 0	0.180	0.401	0.000	1.000
宗教信仰	有宗教信仰赋值为 1，其他赋值为 0	0.150	0.433	0.000	1.000
工作安全满意度	赋值为 1—5，满意度依次增强	3.449	0.917	1.000	5.000
年收入对数	个人年收入的对数	10.881	1.057	6.241	13.970
周工作时间	（小时）	48.601	20.491	0.000	112.000
朋友数量	（个数）	2.787	2.360	1.000	5.000
邻里/街坊居民熟悉度	赋值为 1—5，熟悉度依次增强	3.019	1.940	1.000	5.000
主观幸福感	赋值为 1—5，满意度依次增强	4.003	1.971	1.000	5.000

续表

变量	变量描述	均值	标准差	最小值	最大值
自评社会地位	赋值为0—10，自评社会地位依次增强	4.834	2.800	0.000	10.000
医疗保险	参保赋值为1，其他赋值为0	0.879	0.554	0.000	1.000
省级养老保险覆盖率	职工参保人数/城镇就业人数	0.701	0.192	0.494	0.831

4.2 实证分析结果

4.2.1 OLS 回归结果

本书利用 Stata 软件：首先采用 OLS 回归方法分析非正规就业对居民社会融入程度期望值的影响，然后采用分位数回归方法分析非正规就业对居民社会融入程度分位数的影响。非正规就业对居民社会融入程度期望值影响的 OLS 回归结果如表 4－2 所示。

表 4－2　　　　OLS 回归结果

解释变量	回归系数	解释变量	回归系数
非正规就业	－0.166*** (0.019)	朋友数量	0.097** (0.048)
性别（男性＝1）	0.047*** (0.010)	邻里/街坊居民熟悉度	0.177*** (0.033)
政治面貌（党员＝1）	0.237** (0.120)	主观幸福感	0.161*** (0.039)
宗教信仰（有信仰＝1）	－0.021 (0.141)	自评社会地位	0.050** (0.025)

续表

解释变量	回归系数	解释变量	回归系数
工作安全满意度	0.212** (0.100)	医疗保险（参保 =1）	0.066** (0.032)
年收入对数	0.384*** (0.070)	常数项	0.207** (0.104)
周工作时间	-0.250*** (0.031)	观测值	3 517

注：①括号内数值为标准误差。

② ***、**、* 分别表示在 1%、5% 和 10% 水平上显著。下同。

由表 4-2 可知，第一，在控制变量不变的条件下，核心解释变量非正规就业对居民社会融入的影响在 1% 统计意义上显著为负。这表明，非正规就业是影响居民社会融入的重要因素。如果居民从事非正规就业，那么他们的社会融入程度会显著降低。因此，为了提高居民社会融入程度，降低非正规就业给居民社会融入程度带来的损失，需要进一步健全和完善劳动力市场。

第二，控制变量中的性别、政治面貌、工作安全满意度、年收入对数、朋友数量、邻里/街坊居民熟悉度、主观幸福感、自评社会地位以及医疗保险对居民社会融入的影响在统计意义上显著为正。这表明与女性相比，男性社会融入程度更高；中共党员的平均社会融入程度高于非中共党员居民；居民所从事的工作安全性越高，社会融入程度也越高；年收入水平的提升，会显著增加居民社会融入程度；朋友数量越多，邻里/街坊居民越熟悉，主观幸福感和自评社会地位越高都会显著提升居民社会融入程度。此外，居民参加医疗保险也会在一定程度上提升居民社会融入程度。与其他变量相比，年收入对数对居民社会融入程度提升的作用最大，因此，如果想显著提升居民社会融入程度，增加居民收入水平是非常有效的。

第三，控制变量中的宗教信仰和周工作时间对居民社会融入的影响为负，其中周工作时间变量在统计意义上显著为负。没有宗教信仰的居民社会融入程度高于有宗教信仰的居民。究其原因，宗教信仰对居民的社交活动存在一定程度的约束和限制，这会降低他们的社会融入程度，但是该变量在统计意义上并不显著。周工作时间对居民社会融入程度的损失最大，工作时间的增加不仅直接影响居民社会交往和社会融入，还降低了居民休息和学习时间。休息时间的缩短会降低居民工作效率和劳动安全水平，而学习时间的缩短会抑制居民人力资本和职业技能的提高。

4.2.2 分位数回归结果

非正规就业对居民社会融入程度分位数影响的分位数回归结果如表4－3所示。

表4－3 分位数回归结果

解释变量	分位数回归		
	0.25	0.50	0.75
非正规就业	－0.129*** (0.033)	－0.164*** (0.016)	－0.148*** (0.019)
性别（男性＝1）	0.037** (0.018)	0.050*** (0.013)	0.061** (0.031)
政治面貌（党员＝1）	0.281** (0.140)	0.240** (0.120)	0.199** (0.091)
宗教信仰（有信仰＝1）	－0.016 (0.019)	－0.018 (0.201)	－0.021 (0.036)

续表

解释变量	分位数回归		
	0.25	0.50	0.75
工作安全满意度	0.121*** (0.022)	0.182** (0.090)	0.172*** (0.038)
年收入对数	0.299** (0.143)	0.344*** (0.109)	0.320*** (0.103)
周工作时间	-0.302*** (0.029)	-0.249*** (0.017)	-0.226*** (0.050)
朋友数量	0.075*** (0.005)	0.100** (0.050)	0.188*** (0.011)
邻里/街坊居民熟悉度	0.166*** (0.039)	0.182*** (0.041)	0.170*** (0.030)
主观幸福感	0.175*** (0.050)	0.178*** (0.027)	0.163*** (0.022)
自评社会地位	0.056*** (0.007)	0.051** (0.025)	0.055*** (0.010)
医疗保险（参保=1）	0.080*** (0.010)	0.072** (0.036)	0.059** (0.019)
常数项	0.177* (0.103)	0.222** (0.110)	0.330*** (0.071)
观测值	3 517	3 517	3 517

由表4-3可知，第一，在所有分位点上，核心解释变量非正规就业对居民社会融入的影响在1%统计意义上都显著为负，而且呈现U形特征，即在居民社会融入程度的第50个分位点之前，非正规就业对居民社会融入程度的损失逐渐增加，而在第50个分位点之后，影响程度逐渐减弱。这表明，非正规就业是影响居民社会融入的重要因素，而且对居民社会融入程度不同分位点的影响也具有明显变化。

第二，在所有分位点上，控制变量中的性别、政治面貌、工作安全满意度、年收入对数、朋友数量、邻里/街坊居民熟悉度、主观幸福感、自评社会地位以及医疗保险对居民社会融入影响与 OLS 回归结果一致，即男性的社会融入水平高于女性；中共党员的平均社会融入程度高于非党员居民；居民所从事的工作安全性越高，社会融入程度也越高；年收入水平的提升，会显著增加居民社会融入程度；朋友数量越多，邻里/街坊居民越熟悉，主观幸福感和自评社会地位越高都会显著提升居民社会融入程度。此外，居民参加医疗保险也会在一定程度上提升居民社会融入程度。

第三，对于性别变量而言，随着居民社会融入程度分位点的提高，性别变量对社会融入的影响变大，这表明男性在社会融入程度高的群体中更加活跃，更容易参与到社会群体之中。对于政治面貌和医疗保险而言，随着居民社会融入程度分位点的提高，政治面貌和医疗保险对居民社会融入影响基本呈现下降的趋势，这表明党员身份和参加医疗保险对社会融入程度较低群体的影响更明显。对于工作安全满意度和年收入对数而言，随着居民社会融入程度分位点的提高，工作安全满意度和年收入对数对居民社会融入影响呈现先升后降的趋势，这表明随着居民社会融入程度的提高，工作安全性和年收入水平对居民社会融入程度提升作用的幅度先增加后降低。对于朋友数量而言，随着居民社会融入程度分位点的提高，朋友数量对居民社会融入程度影响呈现上升的趋势，即与社会融入程度较低的群体相比，朋友数量对社会融入程度较高群体影响更大。而对于邻里/街坊居民熟悉度、主观幸福感、自评社会地位三个变量而言，它们对居民社会融入程度不同分位点上的影响变化不明显，这表明和街坊居民越熟悉，主观幸福感和自评社会地位越高，对所有居民社会融入程度都具有显著提升作用，没有显著的异质性。

第四，在所有分位点上，控制变量中的宗教信仰和周工作时间对居民社会融入的影响与OLS回归结果也是一致的，即没有宗教信仰的居民以及周工作时间较短的居民社会融入程度显著高于有宗教信仰的居民和周工作时间较长的居民。其中对于周工作时间而言，随着居民社会融入程度分位点的提高，周工作时间对居民社会融入影响基本呈现下降的趋势，这表明对于社会融入程度较低的群体，每周工作的时间越长，对他们的社会融入程度产生的负向效应越大。

4.3 分样本回归结果

前文分析是将所有的样本放在一起进行的OLS回归和分位数回归分析，因此得到的结论是非正规就业对所有居民社会融入影响的一个平均效应。接下来，按照性别和地区将全样本分为男性样本、女性样本，以及东部地区、中部地区和西部地区，利用分位数回归方法，进一步分析非正规就业对不同群体居民社会融入影响是否存在差异。分样本回归结果见表4-4。

表4-4 分样本回归结果

分样本	解释变量	分位数回归		
		0.25	0.50	0.75
男性	非正规就业	-0.149*** (0.024)	-0.160*** (0.022)	-0.155*** (0.005)
	控制变量	已控制	已控制	已控制
	观测值	2 001	2 001	2 001

续表

分样本	解释变量	分位数回归		
		0.25	0.50	0.75
女性	非正规就业	-0.168*** (0.029)	-0.201*** (0.035)	-0.181*** (0.040)
	控制变量	已控制	已控制	已控制
	观测值	1 516	1 516	1 516
东部地区	非正规就业	-0.177*** (0.051)	-0.160*** (0.001)	-0.146*** (0.033)
	控制变量	已控制	已控制	已控制
	观测值	1 873	1 873	1 873
中部地区	非正规就业	-0.180** (0.092)	-0.165*** (0.009)	-0.139*** (0.003)
	控制变量	已控制	已控制	已控制
	观测值	891	891	891
西部地区	非正规就业	-0.171*** (0.032)	-0.145*** (0.002)	-0.150** (0.070)
	控制变量	已控制	已控制	已控制
	观测值	753	753	753

由表4-4可知，第一，在居民社会融入所有分位点上，无论是男性还是女性，也无论是东部地区、中部地区还是西部地区，非正规就业对居民社会融入都具有显著负向效应。同时在居民社会融入程度的所有分位点上，非正规就业对女性居民社会融入程度造成的损失显著大于男性居民；在居民社会融入程度的第50个分位点之前，非正规就业对中部地区居民社会融入程度造成的损失显著大于东部地区和西部地区居民，在居民社会融入程度的第75个分位点，非正规就业对西部地区居民社会融入程度造成的损失显著大于东部地区和中部地区居民。这表

明，非正规就业显著降低了居民社会融入程度，而且非正规就业对居民社会融入程度影响存在异质性差异效应。

第二，非正规就业对男性居民和女性居民社会融入影响存在分位点效应，随着居民社会融入程度分位点的提高，非正规就业对男性居民和女性居民社会融入影响的负向效应均呈现先上升后下降的趋势。这表明，非正规就业对社会融入程度中等群体的负向效应显著大于社会融入程度较低的群体和较高的群体。

第三，非正规就业对东部地区、中部地区和西部地区居民社会融入影响同样存在分位点效应。其中，随着居民社会融入程度分位点的提高，非正规就业对东部地区和中部地区居民社会融入影响的负向效应呈现下降趋势；非正规就业对西部地区居民社会融入的影响呈现倒 U 形特征，即在居民社会融入程度的第 25 个分位点处，非正规就业对居民社会融入程度的负向影响大于第 50 个分位点，而在居民社会融入程度的第 50 个分位点处，非正规就业对居民社会融入程度的负向影响小于第 75 个分位点。

4.4 稳健性检验

为了检验前文的结果是否具有稳健性，以下进行了两组稳健性检验。

（1）内生性处理

非正规就业与居民社会融入程度之间可能存在内生性问题，即社会融入程度越低的人从事非正规就业的可能性越大。非正规就业与居民社会融入程度之间的这种反向的因果关系，将会使得非正规就业成为居民社会融入程度决定方程中的内生解释变量，此时得到的回归系数就不具有一致性。为了解决回归方程中的内生性偏误，需要寻找有效工具变量，以检验上述回归结果是否具有稳健性。有效工具变量需要满足两个条件：其一，工具变量与内生解释变量相关；其二，工具变量必须是方程的外生变量，与随机扰动项不相关。本书利用省级养老保险覆盖率作为非正规就业的工具变量，主要原因是养老保险覆盖率越高的地方，劳动保护执行情况越好，劳动者从事非正规就业的可能性越小（王海成和郭敏，2015）。过度识别检验的 P 值为 0.801，故接受原假设，认为工具变量为外生的，与扰动项不相关。同时第一阶段回归的 F 统计量为 91.532，远远超过了经验切割点 10，这表明工具变量不是非正规就业的弱工具变量。工具变量回归结果见表 4－5。

表 4－5　非正规就业与居民社会融入：工具变量回归结果

解释变量	全样本	男性样本	女性样本	东部地区	中部地区	西部地区
第一阶段回归						
省级养老保险覆盖率	-0.140** (0.070)	-0.131** (0.065)	-0.201*** (0.003)	-0.096** (0.047)	-0.080*** (0.006)	-0.101** (0.051)
第二阶段回归						
非正规就业	-0.170*** (0.002)	-0.151** (0.076)	-0.186** (0.092)	-0.151*** (0.008)	-0.167*** (0.033)	-0.159** (0.080)
控制变量	已控制	已控制	已控制	已控制	已控制	已控制
观测值	3 517	2 001	1 516	1 873	891	753

由表 4－5 可知，无论是全样本还是分样本，第一阶段回归结果显示，省级养老保险覆盖率对非正规就业的影响在统计意义上显著为负，符合前文分析。第二阶段回归结果显示，在控制变量不变的情况下，非正规就业变量系数都在统计意义上显

著为负，这表明非正规就业是影响居民社会融入的重要因素。如果居民从事非正规就业，那么会显著降低他们的社会融入程度，这支持了前文结论。同时控制变量的回归系数符号与前文结果也是一致的，这里不再详细叙述。

（2）离群值处理

为了确保上述结果的有效性，本书做了离群值处理。本书对收入最低的5%和收入最高的5%的样本作为离群值进行了删除，这样处理的原因在于收入最低的居民社会融入程度相对偏低，而收入最高的居民社会融入程度相对偏高，删除这两个样本，可以使回归结果尽可能体现非正规就业对普通居民社会融入程度的影响。离群值处理之后的回归结果和以上回归结果基本一致，这里不再详细叙述。

4.5　本章小结

本书使用CLDS（2016）数据，基于第3章构建的居民社会融入程度评价指标体系计算出了居民社会融入程度得分，然后分别利用OLS回归和分位数回归方法对非正规就业如何影响居民社会融入进行了实证分析。得出以下四条结论：

第一，就业状况是居民社会融入程度评价指标体系中最重要的因素。居民社会融入程度评价指标体系显示，影响居民社会融入的一级指标共有8个，分别为就业状况、社会参与、人力资本、朋友交往、主观认知、社会保障、户籍状况和社会地位。其中影响最大的一级指标为“就业状况”，权重为0.150。这表明就业对居民社会融入的影响不可小觑。如果就业质量相对较差，则显然会降低居民社会融入程度。

第二，如果居民从事非正规就业，那么居民的社会融入程度会显著降低。OLS 回归结果显示，非正规就业对居民社会融入的影响在 1%统计意义上显著为负；分位数回归结果显示，在所有分位点上，非正规就业对居民社会融入的影响同样在 1%统计意义上显著为负，而且呈现 U 形特征，即在居民社会融入程度的第 50 个分位点之前，非正规就业对居民社会融入程度造成的损失逐渐增加，而第 50 个分位点之后，影响程度逐渐减弱。这表明，非正规就业是影响居民社会融入的重要因素，而且对居民社会融入程度影响存在分位点差异效应。

第三，性别分样本回归结果显示，在居民社会融入所有分位点上，无论是男性还是女性，非正规就业对居民社会融入都具有显著负向效应。同时在居民社会融入程度的所有分位点上，非正规就业对女性居民社会融入程度造成的损失显著大于男性居民。

第四，非正规就业对东部地区、中部地区和西部地区居民社会融入影响同样存在分位点效应。其中随着居民社会融入程度分位点的提高，非正规就业对东部地区和中部地区居民社会融入影响的负向效应呈现下降趋势；非正规就业对西部地区居民社会融入的影响呈现倒 U 形特征，即在居民社会融入程度的第 25 个分位点处，非正规就业对居民社会融入程度的负向影响大于第 50 个分位点，而在居民社会融入程度的第 50 个分位点处，非正规就业对居民社会融入程度的负向影响小于第 75 个分位点。工具变量回归结果和离群值处理结果显示，上述结论具有稳健性，即非正规就业是影响居民社会融入的重要因素。如果居民从事非正规就业，那么会显著降低他们的社会融入程度。

因此，为了提升居民社会融入程度，降低非正规就业给居民社会融入程度带来的损失，促进社会和谐、安宁，中央和地方政府应该重点考虑以下几个方面：首先，消除城乡、行业、身份和性别等一切影响平等就业的制度性障碍和就业歧视现象，努力健全和完善劳动力市场，为从事非正规就业的劳动者营造良好的就业环境。其次，努力创造条件，提高工人和农民的收入水平，缩短居民劳动时间，丰富居民的社会文化活动，促进文化交流。最后，提升居民福利待遇，医疗保险覆盖面进一步扩大，让更多的居民享受到医疗服务。总之，我们要努力提升中国居民社会融入程度，培育健康的居民社会心理，增强社会凝聚力，为实现“中国梦”奠定健康的社会心理动力源。

5 非正规就业的工资效应分析

5.1 工资差异分解方法

关于两个不同群体工资差异的分解方法是在 Oaxaca（1973）和 Blinder（1973）的框架下展开的。Oaxaca - Blinder 分解方法可表示为：

$$\ln W_f - \ln W_i = [\overline{X_f} - \overline{X_i}]\beta_i + \overline{X_f}[\beta_f - \beta_i] \tag{5-1}$$

其中，式（5 - 1）的下标 f 和 i 分别表示正规就业和非正规就业，$\ln W_f$ 和 $\ln W_i$ 分别表示正规就业与非正规就业的工资对数，$\overline{X}$ 表示工资决定方程中解释变量的均值向量，β_f 和 β_i 分别表示正规就业与非正规就业工资决定方程中的系数向量。等式右边第一项表示工资差异中个人特征因素能解释的部分，第二项表示个人特征因素不能解释的部分，在已有文献中一般认为这部分是由劳动力市场上的歧视造成的。

Oaxaca - Blinder 分解还存在另一种分解方法：

$$\ln W_f - \ln W_i = [\overline{X_f} - \overline{X_i}]\beta_f + \overline{X_i}[\beta_f - \beta_i] \tag{5-2}$$

这种由于分析次序不同从而导致分析结果也不同的问题，在已有文献中被称为“指数基准”（index number）问题。为了解决指数基准问题，一些学者提出了不同的分解方法，按照 Cotton（1988）的方法，本书将正规就业的回归系数和非正规就业的回归系数做一个加权平均，把平均后得到的系数作为基准给出了一种解决指数基准问题的方法：

$$\overline{\ln W_f} - \overline{\ln W_i} = (\overline{X_f} - \overline{X_i})\beta + \overline{X_f}(\beta_f - \beta) + \overline{X_i}(\beta - \beta_i) \tag{5-3}$$

式（5－3）中，$\beta = \alpha\beta_f + (1-\alpha)\beta_i$，其中 α 为正规就业样本占全样本的比例。

关于解决指数基准问题的方法，Neumark（1988）也给出了一种与 Cotton 相似的解决方法，只不过式（5－3）中的 $\beta = \omega\beta_f + (I-\omega)\beta_i$；$\omega = (X'X)^{-1}(X_f'X_f)$，$X$ 指的是所有样本（正规就业与非正规就业）的控制变量，I 指的是单位矩阵。

值得注意的是，上述三种分解方法都是基于在 OLS 回归基础之上进行的均值差异分解。如果想在工资分布的不同分位数上进行差异分解，需要利用基于分位数回归基础之上的分位数分解方法，具体可以表示为：

$$Q_\theta(\ln w_f) - Q_\theta(\ln w_i) = [Q_\theta(\ln w_f) - Q_\theta(\ln w_{f-i})] + [Q_\theta(\ln w_{f-i}) - Q_\theta(\ln w_i)] \tag{5-4}$$

其中，式（5－4）中的 $Q_\theta(\ln w_{f-i})$ 表示反事实工资条件分布。等式右边第一项为系数差异，第二项为特征差异。

为了方便比较，本书分别给出了正规就业与非正规就业工资差异的 Oaxaca－Blinder 分解结果、Cotton 和 Neumark 分解结果以及分位数分解结果。

5.2　数据来源、模型选择与变量描述

5.2.1　数据来源

本章使用的数据来自 CGSS，即中国综合社会调查数据。该

调查始于2003年中国人民大学社会学系和香港科技大学社会科学部所发起的一项全国性、综合性、连续性学术调查项目。由于该调查包括详尽的居民人口学特征、经济活动等方面的数据，因此该调查数据已成为对个人微观行为进行研究的重要数据来源。为了研究不同年份正规就业者工资水平与非正规就业者工资水平差异的变化趋势，本章使用了CGSS的2006年、2008年、2010年、2011年、2012年、2013年和2015年共7个年份的数据，研究对象为年龄在18—60岁的居民。为方便不同年份数据的比较，本章利用消费物价指数（CPI）将每一年的劳动者工资水平转化为按照2006年不变价格衡量的实际工资水平。剔除数据缺失的样本之后，本章最终得到了21 019个有效微观样本，其中该有效样本包含了正规就业者样本9 238份，非正规就业者样本11 781份。同时该有效样本包含了27个省（自治区、直辖市），这表明本章的研究样本基本涵盖了全国各个地区，具有理想的代表性。

5.2.2 模型选择

本书采用分位数回归方法（Quantile Regression），考察在条件分布的不同位置，正规就业与非正规就业工资决定及其报酬率差异。分位数回归方法是均值回归（OLS）的拓展。分位数回归可以在不同分位数水平上，通过最小化残差绝对值的加权平均来拟合被解释变量与解释变量的线性函数，其优点是不易受极端值的影响就可得到更稳健的结果。正规就业和非正规就业工资决定方程如下：

$$\ln W_j = X'_j \beta_j + u_j \quad (j = 1 \text{ 或 } 0) \tag{5-5}$$

式（5－5）中，$j=1$时，表示正规就业工资决定方程；$j=$

0时，表示非正规就业工资决定方程；$\ln W$ 表示实际工资对数；X 表示个人特征向量，如受教育年限、工作经验等；β 为相应系数向量；u 为随机误差项。

在考察正规就业和非正规就业工资决定方程及个人特征变量对工资水平的报酬率时，运用分位数回归方法，可以更好地观察在工资条件分布的不同位置上个人特征变量对工资水平的影响方向、大小以及趋势情况，因此本书将分位数回归模型设定为：

$$Q_{j\theta}(\ln W_j|X_j) = X_j\beta_{j\theta} + u_{j\theta} \quad (j = 1 \text{ 或 } 0) \tag{5-6}$$

其中，$Q_{j\theta}(\ln W_j|X_j)$ 表示在给定解释变量 X 的情况下，第 j 个就业方式的被解释变量 $\ln W$ 在第 θ 个分位数水平上的值，分位数回归可以选取任意特定分位数进行参数估计，其中代表性的分位数为0.25、0.5和0.75，并通过最小化方程（5-7）得到系数估计值。

$$\min\left\{\sum_{j:\ln W_j \geqslant X_j\beta(\theta)} \theta\,|\ln W_j - X_j\beta(\theta)| + \sum_{j:\ln W_j < X_j\beta(\theta)} (1-\theta)\,|\ln W_j - X_j\beta(\theta)|\right\} \tag{5-7}$$

5.2.3 变量描述

本书的被解释变量为正规就业者和非正规就业者实际工资对数，解释变量为受教育年限、工作经验、性别、婚姻状况及户籍情况。为考察经验—工资曲线是否存在倒U形特征，本书加入了工作经验平方项。考虑到居民实际工资水平还受到其他因素的影响，本书还引入年份哑变量和省份哑变量。对教育年限变量，本书将小学赋值为6年、初中赋值为9年、高中赋值为12年、大学赋值为16年、研究生及以上赋值为19年；对工作经验变量，本书用年龄减去受教育年限再减去 6；对性别变量，本书将女性赋值为 1，男性赋值为 0；对婚姻状况变量，本书将已婚赋值为 1，其他赋值为 0；对户籍情况变量，本书将城镇户口赋值为 1，其他赋值为 0。变量的描述性统计结果见表 5 - 1。

表 5 - 1　　　　变量的描述性统计

变量		2006 年	2008 年	2010 年	2011 年	2012 年	2013 年	2015 年
平均工资（元）	正规就业	1 482. 032	1 944. 799	3 223. 703	3 489. 708	3 890. 188	4 428. 934	5 041. 711
	非正规就业	1 303. 399	1 512. 520	2 229. 506	2 843. 499	3 072. 665	3 245. 268	3 601. 203
平均学历（年）	正规就业	11. 983	12. 199	13. 165	13. 049	13. 215	13. 467	13. 611
	非正规就业	10. 181	9. 649	10. 182	10. 047	10. 025	10. 218	10. 498
平均经验（年）	正规就业	19. 976	20. 530	18. 879	19. 749	19. 708	18. 829	19. 213
	非正规就业	23. 922	24. 387	23. 654	23. 975	24. 075	24. 213	24. 602
女性占比（%）	正规就业	46. 676	46. 256	42. 215	43. 879	41. 723	41. 889	42. 901
	非正规就业	51. 706	45. 463	39. 864	43. 066	37. 410	38. 948	39. 117
已婚占比（%）	正规就业	77. 887	80. 811	80. 067	78. 679	81. 588	78. 298	79. 986
	非正规就业	81. 855	83. 666	84. 013	85. 938	85. 335	84. 634	83. 774
城镇占比（%）	正规就业	83. 205	80. 109	82. 819	77. 166	81. 588	77. 000	78. 122
	非正规就业	65. 155	51. 724	50. 261	46. 094	46. 486	44. 976	45. 463
正规就业		1 429	1 282	1 490	727	1 423	1 387	1 500
非正规就业		2 491	1 102	1 914	1 024	1 807	1 692	1 751

数据来源：根据 CGSS2006—2015 年数据计算所得。下同。

由表 5 - 1 可知，正规就业者和非正规就业者的平均实际工资总体上基本呈现逐年上升的趋势，同时所有年份正规就业者的平均实际工资都高于非正规就业者且两者工资差距有扩大趋势，在 2015 年正规就业者平均实际工资比非正规就业者平均实际工资高出了 40%。为直观地观察正规就业者和非正规就业者平均实际工资变动趋势，本书绘出了正规就业者和非正规就业者平均实际工资变化趋势图（见图 5 - 1）。对平均受教育年限变量，正规就业者的平均受教育年限每年都高于非正规就业者，而且自 2010 年以来正规就业者的平均受教育年限比非正规就业者高出了 3 年，这说明平均受教育年限越多的求职者从事正规就业的概率越大。对工作经验变量，非正规就业者的平均工作经验高于正规就业者，这很可能是由于非正规就业者很早就退学，提前进入了劳动力市场，从而他们与正规就业者相比拥有更多的工作经验。对性别变量，正规就业的女性占比基本在 40% ~45%，而非正规就业的女性占比相对更低，甚至有些年份女性占比低于 40%，这表明相比正规就业，非正规就业性别

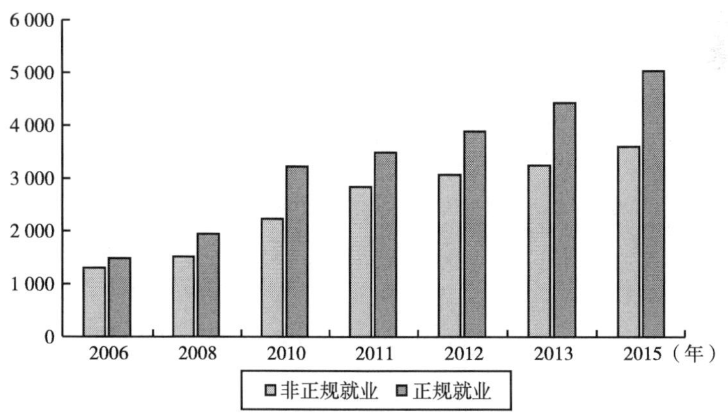

图 5 - 1　正规就业与非正规就业平均实际工资（单位：元）

歧视可能更为严重。对婚姻状况变量，非正规就业已婚占比每年都超过了 80%，而且每年都高于正规就业已婚占比，这表明劳动力市场可能更倾向招聘已婚员工，这也在一定程度上解释了为什么一些企业优先招聘已婚求职者。对户籍情况变量，除 2011 年、2013 年和 2015 年之外，正规就业城镇户籍占比每年都超过了 80%，然而非正规就业城镇户籍占比平均在 50% 左右，这表明更多的非城镇户籍劳动者从事着非正规就业，同时这也揭示了现实劳动力市场上存在的户籍歧视现象，城镇户籍人口占比越大，则表明劳动力市场上的户籍歧视程度越严重。

5.3 非正规就业与正规就业的工资差异

5.3.1 工资方程的 OLS 回归结果

本书利用 Stata 软件对正规就业与非正规就业的工资方程进行了分位数回归，为了便于比较，本书首先对其进行了 OLS 回归。OLS 回归结果如表 5－2 所示。

表 5－2 正规就业与非正规就业工资方程的 OLS 回归结果

解释变量	正规就业	非正规就业
学历	0.081*** (0.003)	0.072*** (0.005)
经验	0.020*** (0.006)	0.027*** (0.004)
经验平方	－0.000*** (0.000)	－0.000*** (0.000)

续表

解释变量	正规就业	非正规就业
性别（女性=1）	-0.163*** (0.021)	-0.209*** (0.033)
婚姻（已婚=1）	0.077*** (0.019)	0.041** (0.020)
户籍（城镇=1）	0.029** (0.014)	0.022* (0.013)
常数项	5.376*** (0.108)	6.039*** (0.094)
观测值	9 238	11 781

注：括号内数值为标准误差；***、**、*分别表示在1%、5%和10%水平上显著。

从表5-2可以得出以下结论：

第一，无论是正规就业还是非正规就业，学历变量都在1%统计意义上显著为正，这表明增加受教育年限对正规就业者和非正规就业者的工资水平都具有显著的提升作用。

第二，对于经验变量而言，无论是正规就业还是非正规就业，经验变量都在1%统计意义上显著为正。由经验系数为正，经验平方系数为负可以得知正规就业和非正规就业的经验—工资曲线均存在倒U形特征。

第三，对于性别变量而言，无论是正规就业还是非正规就业，性别变量系数都在1%统计意义上显著为负，这表明无论是正规就业还是非正规就业都存在性别歧视现象。由于非正规就业的性别变量系数的绝对值都大于正规就业，这表明相比正规就业，非正规就业性别歧视更为严重。

第四，对于婚姻状况变量而言，无论是正规就业还是非正规就业，婚姻变量系数都在统计意义上显著为正，这表明已婚员工工资水平高于相同条件下的未婚员工工资水平，而且在正规劳动力市场中，这种现象更加明显。

第五，对于户籍变量而言，该变量符合均显著为正。这表明无论是正规就业还是非正规就业，城镇户籍人员的工资显著高于相同条件下的非城镇户籍人员，在一定程度上反映出了中国劳动力市场上存在的户籍歧视现象，户籍变量系数越大表明劳动力市场上户籍歧视程度越高。

5.3.2 工资方程的分位数回归结果

由于分位数回归能全面刻画在工资分布的不同分位数上，受教育水平和经验等个人特征差异的报酬率，因此，本书选取了3个具有代表性的分位数，分别是0.25、0.5和0.75，给出了正规就业与非正规就业工资决定方程的分位数回归结果。分位数回归结果如表5-3所示。

表5-3 正规就业与非正规就业工资方程的分位数回归结果

解释变量	0.25		0.50		0.75	
	正规就业	非正规就业	正规就业	非正规就业	正规就业	非正规就业
学历	0.079*** (0.006)	0.068*** (0.005)	0.085*** (0.003)	0.073*** (0.001)	0.080*** (0.002)	0.070*** (0.004)
经验	0.008** (0.004)	0.010*** (0.003)	0.018*** (0.003)	0.022*** (0.005)	0.019*** (0.001)	0.023*** (0.003)
经验平方	-0.000*** (0.000)	-0.000*** (0.000)	-0.000*** (0.000)	-0.005*** (0.001)	-0.000*** (0.000)	-0.002** (0.001)
性别（女性=1）	-0.174*** (0.055)	-0.219*** (0.019)	-0.180*** (0.033)	-0.235*** (0.009)	-0.220*** (0.050)	-0.238*** (0.044)

续表

解释变量	0.25		0.50		0.75	
	正规就业	非正规就业	正规就业	非正规就业	正规就业	非正规就业
婚姻（已婚 = 1）	0.080 ** （0.040）	0.017 （0.031）	0.072 ** （0.035）	0.040 （0.039）	0.088 ** （0.043）	0.055 （0.058）
户籍（城镇 = 1）	0.050 （0.061）	0.009 （0.018）	0.029 （0.040）	0.010 ** （0.005）	0.052 （0.041）	0.045 ** （0.022）
常数项	5.907 *** （0.101）	6.022 *** （0.081）	6.277 *** （0.030）	6.617 *** （0.089）	6.720 *** （0.071）	6.851 *** （0.132）
观测值	9 238	11 781	9 238	11 781	9 238	11 781

注：括号内数值为标准误差；***、**、* 分别表示在 1%、5% 和 10% 水平上显著。

从表 5 - 3 可以得出以下结论：

第一，无论是正规就业还是非正规就业，学历变量都在 1% 统计意义上显著为正，这表明增加受教育年限对正规就业者和非正规就业者的工资水平都具有显著的提升作用。因为在 0.25、0.5 和 0.75 分位数上正规就业的学历系数都大于非正规就业，所以在这三个代表性的分位数上，正规就业的教育收益率高于非正规就业，这与 OLS 估计结果是一致的。在 0.25、0.5 和 0.75 分位数上，正规就业的教育收益率分别为 7.9%、8.5% 和 8.0%，非正规就业的教育收益率分别为 6.8%、7.3% 和 7.0%，这表明两种就业方式的教育收益率随工资分位数水平由低到高呈现先升后降的趋势（见图 5 - 2 和图 5 - 3 第一行第 2 个图形），即：在工资水平达到一定程度之前，员工增加受教育水平会显著提升教育收益率；在工资超过一定水平之后，虽然受教育年限对工资水平仍然具有显著的提升作用，但是提升的程度会下降，教育收益率会降低，这与魏下海等（2012）得出的结论是一致的。一种可能的解释是正规就业在薪酬安排上存在一定的教育信号效用，而非正规就业在薪酬安排上一般遵从劳动生产率原则，工资具有较强的竞争性。

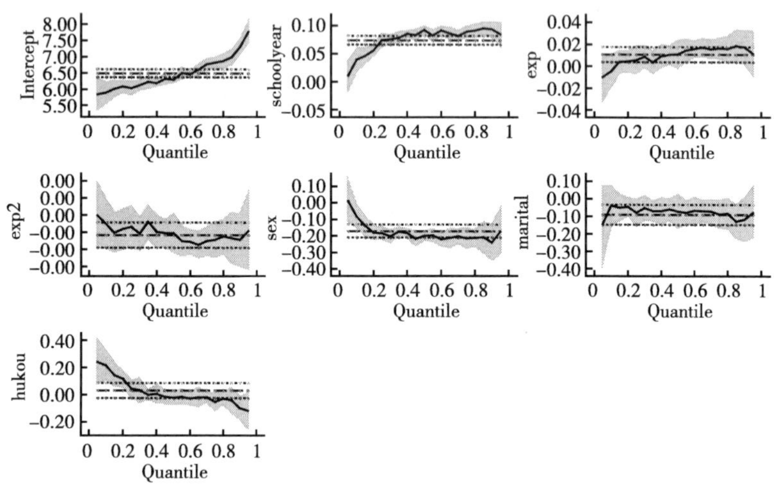

图 5-2 正规就业工资方程分位数回归系数的变化

第二，对于经验变量而言，在 0.25、0.5 和 0.75 分位数上，正规就业的经验收益率分别为 0.8%、1.8% 和 1.9%，非正规就业的经验收益率分别为 1.0%、2.2% 和 2.3%，这表明正规就业和非正规就业两种就业方式的经验收益率随工资分位数水平由低到高逐渐提升，这也说明了工资水平达到一定程度之后，如果工作年龄提升，那么工作经验的收益率也会提升。在 0.25、0.5 和 0.75 分位数上无论是正规就业还是非正规就业，经验变量都在 1% 统计意义上显著为正，而且非正规就业的经验变量系数在不同分位数上都大于正规就业，这表明相比正规就业，非正规就业更注重员工的工作经验，这与 OLS 估计结果是一致的。由经验系数为正，经验平方系数为负可以得知正规就业和非正规就业的经验—工资曲线均存在倒 U 形特征。关于正规就业和非正规就业经验系数的变化见图 5 -2 和图 5 -3 第一行第 3 个图形。

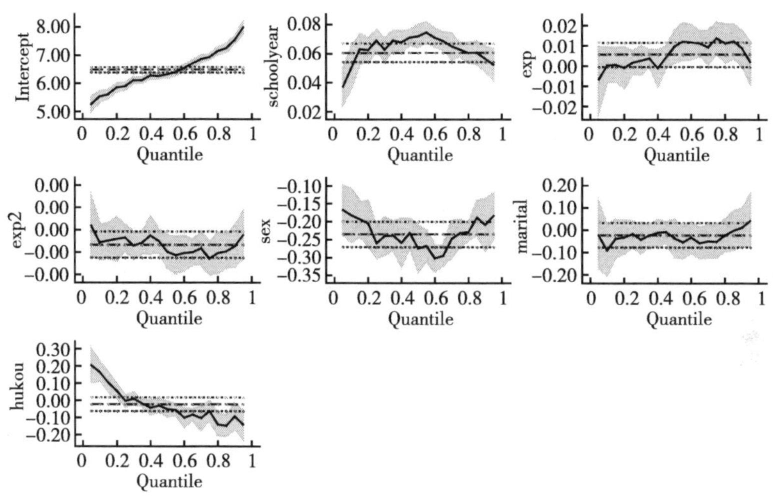

图 5 -3 非正规就业工资方程分位数回归系数的变化

第三，对于性别变量而言，在 0. 25、0. 5 和 0. 75 分位数上，正规就业的性别变量的系数分别为 -0. 174、 -0. 180 和 -0. 220，非正规就业的性别变量的系数分别为 -0. 219、 -0. 235 和 -0. 238，即随着工资分位数水平由低到高性别变量系数的绝对值逐渐增加，这表明随着工资水平的提升，性别歧视程度越强，这也在一定程度上揭示了高薪阶层中女性占比相对较小的原因。无论是正规就业还是非正规就业，性别变量系数都在 1% 统计意义上显著为负，这与 OLS 估计结果是一致的，表明无论是正规就业还是非正规就业都存在性别歧视现象，而且在 3 个代表性分位数上，非正规就业的性别变量系数的绝对值都大于正规就业。这表明相比正规就业，非正规就业性别歧视更为严重，这也与 OLS 估计结果是一致。关于正规就业和非正规就业性别变量系数的变化见图 5－2 和图 5－3 第二行第 2 个图形。

第四，对于婚姻状况变量而言，在 0.25、0.5 和 0.75 分位数上只有正规就业的婚姻状况变量在 5% 统计意义上显著为正，然而非正规就业的系数虽然为正却在统计意义上不显著。这表明已婚员工工资水平高于相同条件下的未婚员工工资水平，而且正规就业的婚姻状况系数大于非正规就业，这与 OLS 估计结果是一致的。这表明相比非正规就业，正规就业更注重员工的婚姻状况。同时婚姻状况变量系数为正，表明劳动力市场更倾向招聘已婚员工。这也在一定程度揭示出了一些企业优先招聘已婚求职者，尤其是相同条件下的两位女性求职者，企业更愿意招聘已婚者，一个可能的解释是已婚求职者相对来说更稳定，跳槽几率更小。

第五，对于户籍变量而言，在 0.5 和 0.75 分位数上，只有非正规就业的户籍变量系数在 5% 统计意义上显著为正，而在三个代表性分位数上无论是正规就业还是非正规就业的户籍变量系数都为正，这与 OLS 估计结果是一致的。这表明无论是正规就业还是非正规就业，城镇户籍人员的工资显著高于相同条件下的非城镇户籍人员，这在一定程度上反映出了中国劳动力市场上存在的户籍歧视现象，户籍变量系数越大表明劳动力市场上户籍歧视程度越高。

5.3.3 异质性非正规就业工资方程的分位数回归结果

已有文献关于正规就业与非正规就业工资差异的分解多数都是将非正规就业视为一个整体，鲜有文献考察异质性的非正规就业与正规就业的工资差异。本书将非正规就业分为自我经营者和非正规受雇者，其中自我经营者有 4 771 份样本，非正规受雇者有 7 010 份样本，进一步分析异质性的非正规就业工资决定及其报酬率与正规就业的差异，具体回归结果见表 5－4。

表 5－4 异质性非正规就业工资方程的分位数回归结果

解释变量	0.25		0.5		0.75	
	自我经营者	非正规受雇者	自我经营者	非正规受雇者	自我经营者	非正规受雇者
学历	0.073 *** (0.019)	0.059 *** (0.007)	0.082 *** (0.009)	0.067 *** (0.013)	0.078 *** (0.025)	0.066 *** (0.023)
控制变量	已控制	已控制	已控制	已控制	已控制	已控制
观测值	4 771	7 010	4 771	7 010	4 771	7 010

由于自我经营者和非正规受雇者的经验、性别、婚姻和户籍变量结果和表 5－3 中非正规就业的结果基本一致，即自我经营者和非正规受雇者两种就业方式的经验收益率随工资分位数水平由低到高逐渐提升，这也说明了工资水平达到一定程度之后，如果工作年龄提升，那么工作经验的收益率也会提升；无论是自我经营者还是非正规受雇者，性别变量系数都在 1% 统计意义上显著为负，这表明无论是自我经营者还是非正规受雇者都存在性别歧视现象；对于婚姻和户籍变量而言，无论是自我经营者还是非正规受雇者，婚姻和户籍的系数都为正，这表明无论是自我经营者还是非正规受雇者，已婚者和城镇户籍人员的工资显著高于相同条件下的未婚者和非城镇户籍人员。因此，表 5－4 只汇报了学历变量的回归结果。从表 5－4 可以看出，在 0.25、0.5 和 0.75 分位数上，自我经营者的教育收益率分别为 7.3%、8.2% 和 7.8%，非正规受雇者的教育收益率分别为 5.9%、6.7% 和 6.6%，均呈现出先升后降的倒 U 形趋势。在这三个代表性分位数上，自我经营者的教育收益率高于非正规受雇者，但低于表 5－3 中的正规就业者。这表明，在劳动力市场

中非正规受雇者的教育收益率最低。显然，较低的教育收益率是非正规受雇者的工资水平显著低于正规就业和自我经营者的重要原因之一。

5.3.4 工资差异分解结果

接下来，为了便于比较，本书分别给出了正规就业与非正规就业工资差异的 Oaxaca - Blinder 分解结果、Cotton 和 Neumark 分解结果以及分位数分解结果。同时考虑到非正规就业存在异质性，本书也给出了正规就业与自我经营者工资差异的分位数分解结果，以及正规就业与非正规受雇者工资差异的分位数分解结果。利用不同分解方法得到的具体分解结果详见表 5 - 5。

表 5 - 5 正规就业与非正规就业的工资差异分解结果

分解方法	总差异（log）	特征差异		系数差异	
		差异值（log）	占比（%）	差异值（log）	占比（%）
Oaxaca - Blinder1	0.411	0.185	45.012	0.226	54.988
Oaxaca - Blinder2	0.411	0.172	41.849	0.239	58.151
Cotton 分解	0.411	0.180	43.796	0.231	56.204
Neumark 分解	0.411	0.174	42.336	0.237	57.664

表 5 - 5 中的 Oaxaca - Blinder1 是利用式（5 - 1）进行分解的结果，Oaxaca - Blinder2 是利用式（5 - 2）进行分解的结果。由表 5 - 5 可知，正规就业与非正规就业对数工资的总差异为 0.411。由 Oaxaca - Blinder1 分解得出的特征差异为 0.215，占总差异的 52.3%；由 Oaxaca - Blinder2 分解得出的特征差异为 0.172，占总差异的 41.8%；由 Cotton 分解方法得出的特征差异为 0.180，占总差异的 43.8%；由 Neumark 分解方法得出的特征

差异为0.174，占总差异的42.3%，这四种分解方法都得出特征差异占总差异的43.0%左右，这表明两种就业人群的工资差异的43.0%是由就业人员的学历水平和工作经验等个人特征因素造成的，这部分差异是市场机制发挥作用而产生的合理差异，属于“同工同酬”部分。另有57.0%差异是市场无法解释的，在文献中被称为“市场歧视造成的差异”。这部分比重偏高，说明中国存在较为严重的劳动力市场分割和就业歧视现象，这也是相关收入分配政策制定者需要重点解决的问题。

表5-6　　分位数分解结果

分位数		0.25	0.5	0.75
特征差异	差异值（log）	0.194	0.200	0.208
	占比（%）	45.327	48.995	51.344
系数差异	差异值（log）	0.234	0.209	0.199
	占比（%）	54.673	51.005	48.656
总差异	差异值（log）	0.428	0.409	0.407

表5-6给出了正规就业与非正规就业工资差异的分位数分解结果。可以看出，工资分布的分位数越低，正规就业群体与非正规就业群体之间的工资差异就越大；工资分布的分位数越高，工资差异反而越小，故符合“黏地板效应”，而不是“天花板效应”。比如，在0.25、0.5和0.75分位数上，工资总差异分别为0.428、0.409和0.407，正规就业比非正规就业工资水平分别高53.4%（$=e^{0.428}-1$）、50.5%和50.2%。可能的原因是：在工资分布的低分位数处，非正规就业人群更多的是非正规受雇者，他们往往从事着临时工、小时工等缺乏社会保护和就业稳定性差的工作，市场歧视程度更严重，致使他们的工资水平更低。然而，在工资分布的高分位数处，非正规就业群体

更多的是自我经营者，他们的工资收入水平相对较高，因而与相同分位点处的正规就业人群工资差异相对较小。

随着工资分位数的升高，特征差异占比越来越大，对工资总差异的解释能力越来越强，而系数差异占比越来越小，表明歧视差异的解释能力越来越弱。比如，在0.25分位数上，特征差异占比为45.3%；在0.5分位数上，特征差异占比为48.9%；在0.75分位数上，特征差异占比为51.3%；而在0.25分位数上，系数差异占比为54.7%；在0.5分位数上，系数差异占比为51.1%；在0.75分位数上，系数差异占比为48.7%。这表明随着工资分位数的升高，正规就业人群比非正规就业人群拥有更高的人力资本优势，人力资本回报率差异更加明显。而在低分位数处，就业歧视和劳动力市场分割等非市场因素越来越严重。

由于非正规就业包括自我经营者和非正规受雇者，本书继续从异质性角度进行分位数分解，进一步考察异质性非正规就业工资水平与正规就业的差异，具体分解结果见表5-7。

表5-7　正规就业与异质性非正规就业的工资差异分解结果

分位点	正规就业与自我经营者			正规就业与非正规受雇者		
	总差异	特征差异	系数差异	总差异	特征差异	系数差异
0.25	0.417	0.289	0.128	0.460	0.306	0.154
0.5	0.406	0.293	0.113	0.441	0.310	0.131
0.75	0.396	0.307	0.089	0.416	0.315	0.101

由表5-7可知，在0.25分位数上，正规就业与自我经营者的工资差异为0.417，正规就业与非正规受雇者的工资差异为0.460；在0.5分位数上，正规就业与自我经营者的工资差异为0.406，正规就业与非正规受雇者的工资差异为0.441；在0.75

分位数上，正规就业与自我经营者的工资差异为0.396，正规就业与非正规受雇者的工资差异为0.416，这表明工资分位数水平越低，正规就业与自我经营者工资差异越大。而工资分位数水平越高，工资差异越小，且正规就业与非正规受雇者表现出了相似的特征。这表明正规就业与异质性的非正规就业均符合"黏地板效应"，而不是"天花板效应"。在0.25分位数上，正规就业与自我经营者的特征差异为0.289，系数差异为0.128，正规就业与非正规受雇者的特征差异为0.306，系数差异为0.154；在0.5分位数上，正规就业与自我经营者的特征差异为0.293，系数差异为0.113，正规就业与非正规受雇者的特征差异为0.310，系数差异为0.131；在0.75分位数上，正规就业与自我经营者的特征差异为0.307，系数差异为0.089，正规就业与非正规受雇者的特征差异为0.315，系数差异为0.101。这表明随着工资分位数的升高，特征差异占比越来越大，对工资总差异的解释能力越来越强，而系数差异占比却相对越来越小，对工资总差异的解释能力相对越来越弱。

值得注意的是，在0.25分位数上，正规就业与非正规受雇者工资差异最大，而且在代表性分位数上，正规就业与非正规受雇者之间的工资差异都大于正规就业与自我经营者之间的工资差异，这表明正规就业与非正规受雇者之间的工资差异是造成正规就业与非正规就业工资差异最主要的来源，且低收入水平上的正规就业与非正规受雇者之间的工资差异是最大的。可能的原因是：与自我经营者相比，非正规受雇者的人力资本回报率更低，工作稳定性更差，受到的市场歧视更为严重。因此，为了提高非正规就业工资整体水平，相关收入分配政策制定者应重点提高低收入人群中的非正规受雇者，保障非正规受雇者的合法权益，将其受到的市场歧视降为最低，同时鼓励他们通过提高自身人力资本来进一步提高自身工资水平。

5.4 本章小结

非正规就业在中国城镇就业中所占比重较高，深入考察正规就业与非正规就业两种就业方式的工资差异及其变化趋势，可以作为理解劳动力市场的重要指标，这在一定程度上为收入分配政策的制定者提供了有价值的现实依据。因此，本书基于2006—2015年CGSS数据，利用分位数回归方法对中国正规就业与非正规就业的工资差异进行估计，并使用不同的工资差异分解方法对正规就业与非正规就业工资差异进行了分解，得出以下结论：

第一，无论是正规就业还是非正规就业，学历变量都在1%统计意义上显著为正，这表明增加受教育年限对正规就业者和非正规就业者的工资水平都具有显著的提升作用，同时正规就业的教育收益率高于非正规就业，这与OLS估计结果是一致的。此外，两种就业方式的教育收益率随分位数由低到高呈现先升后降的趋势。

第二，非正规就业的经验收益率高于正规就业。相比正规就业，非正规就业性别歧视更为严重，同时随着工资分位数水平由低到高性别歧视程度越强，这也在一定程度上揭示了高薪阶层中女性占比相对较小的原因。此外，无论是正规就业还是非正规就业，都存在一定程度上的户籍歧视现象。

第三，分位数分解结果表明，随着工资分位数水平的上升，特征差异对工资总差异的解释能力越来越强，而系数差异的解释能力越来越小。同时，随着工资分位数水平的上升，工资差异逐渐缩小，符合“黏地板效应”，而不是“天花板效应”，这表明中国正规就业与非正规就业工资差异主要是由工资分布低分位数水平上的差异造成的。

第四，正规就业与异质性的非正规就业工资差异分解结果表明，在代表性分位数上，正规就业与非正规受雇者工资差异最大，而正规就业与自我经营者工资差异相对较小，且低收入水平上的正规就业与非正规受雇者之间的工资差异是最大的。此外，正规就业与自我经营者和非正规受雇者的工资差异均符合“黏地板效应”。

由于平均受教育年限是影响员工工资水平的重要因素，而非正规就业者的平均受教育年限和教育收益率都明显低于正规就业者，所以为了缩小正规就业者和非正规就业者这两种就业方式的工资差异，提高非正规就业者的工资水平：首先，中央和地方政府应该重点关注非正规就业人群的教育问题，提升非正规就业人员的教育水平，改善他们的教育质量。

其次，劳动力市场应该取消行业或职业壁垒，降低一些行业或职业的进入门槛。对于目前劳动力市场存在的性别歧视和户籍歧视现象，尤其是非正规就业者面临的性别歧视和户籍歧视更为严重，政策制定者应该通过有针对性的社会保护政策来解决非正规就业者在劳动力市场上受到的歧视问题。

再次，基于非正规就业的异质性，相关收入分配政策制定者应重点关注工资分布低分位数水平上的非正规受雇者面临的就业问题，通过提高“最低工资标准”等相关政策，对非正规受雇者提供必要的权益保护和社会保障。对于自我经营者，相关政府部门可以出台对个体工商户等小微企业的扶持政策，提高他们的税收优惠标准，为小微企业的生存发展提供优良的环境。

最后，增加自我经营者和非正规受雇者接受教育和职业培训的渠道，提高他们的人力资本水平，缩小正规就业与非正规就业的人力资本回报率差异。努力提高非正规就业者的收入水平，进一步缩小中国居民收入分配差距。因此，中央和地方政府应该出台相关政策，提高就业者的教育收益率，降低劳动力市场的分割程度，使劳动力市场得到进一步健全和完善。

6 非正规就业的健康效应分析

6.1 数据来源、模型选择与变量描述

6.1.1 数据来源

本书使用的数据来自 CLDS（2016）。该调查是中山大学社会科学特色数据库建设专项内容，通过每两年一次的动态追踪调查，建立劳动力、家庭和社区三个层次的追踪数据库，从而为实证研究提供了基础数据。由于该调查包括详尽的居民人口学特征、经济活动等方面的数据，因此该调查数据已成为对个人微观行为进行研究的重要数据来源。本书的研究对象为年龄在 18—60 岁的居民。剔除数据缺失的样本之后，本书最终得到了 3 287 个有效微观样本。该有效样本包含了 28 个省（自治区、直辖市），这表明本书的研究样本基本涵盖了全国大部分地区，具有理想的代表性。

6.1.2 模型选择

由于本书的被解释变量为有序离散变量，因此，本书采用

有序 Pro*bit* 模型来分析非正规就业对居民健康的影响。该模型假定存在一个能够代表被解释变量居民健康（*Health*），但又不能直接观测的潜在变量 $Health^*$，本书假定潜在变量由下式决定：

$$Health_i^* = \beta_i Informal_i + X_i' \gamma_i + \varepsilon_i \tag{6-1}$$

式（6-1）中，*Informal* 为非正规就业，β 是其对应的回归系数；X_i' 表示影响居民健康的控制变量（如年龄、性别等），γ 是其对应的回归系数矩阵；ε_i 代表随机扰动项。

同时，设 $\alpha_1 < \alpha_2 < \alpha_3 < \alpha_4$，并定义：

$$Health_i = \begin{cases} 1, Health_i^* < \alpha_1 \\ 2, \alpha_1 \leqslant Health_i^* < \alpha_2 \\ 3, \alpha_2 \leqslant Health_i^* < \alpha_3 \\ 4, \alpha_3 \leqslant Health_i^* < \alpha_4 \\ 5, \alpha_4 \leqslant Health_i^* \end{cases} \tag{6-2}$$

如果随机扰动项 ε_i 服从标准正态分布，那么居民健康的条件概率分布表示如下：

$$\Pr(Health = 1/X) = \Pr(Health^* < \alpha_1) = \phi(\alpha_1 - f(X)) \tag{6-3}$$

$$\Pr(Health = 2/X) = \Pr(\alpha_1 \leqslant Health^* < \alpha_2) = \phi(\alpha_2 - f(X)) - \phi(\alpha_1 - f(X)) \tag{6-4}$$

$$\Pr(Health = 3/X) = \Pr(\alpha_2 \leqslant Health^* < \alpha_3) = \phi(\alpha_3 - f(X)) - \phi(\alpha_2 - f(X)) \tag{6-5}$$

$$\Pr(Health = 4/X) = \Pr(\alpha_3 \leqslant Health^* < \alpha_4) = \phi(\alpha_4 - f(X)) - \phi(\alpha_3 - f(X)) \tag{6-6}$$

$$\Pr(Health = 5/X) = \Pr(\alpha_4 \leqslant Health^*) = 1 - \phi(\alpha_4 - f(X)) \tag{6-7}$$

其中 $\phi(\cdot)$ 为标准正态分布的分布函数，$f(X) = \beta_i Informal_i +$

$X_i'\gamma_i$。在有序 Probit 模型中，如果随机扰动项与解释变量相互独立，那么采用极大似然法对参数进行估计，将会得到一致估计量。

6.1.3 变量描述

本书的被解释变量（Health）为有序离散变量，其赋值为 1—5 的整数。核心解释变量为非正规就业，本书将非正规就业赋值为 1，正规就业赋值为 0。由于居民健康状况还受到其他因素的影响，本书还引入了控制变量，本书的控制变量包括性别、年龄、受教育年限、周工作时间、体力劳动程度、工作场所、工作安全性、工作环境、年收入对数、是否吸烟以及是否喝酒。为了考察年龄—健康曲线是否存在倒 U 形特征，本书加入了年龄的平方项。在数据处理方面，对于性别变量，本书将男性赋值为 1，女性赋值为 0；对于受教育年限变量，本书将小学赋值为 6 年，初中赋值为 9 年，高中赋值为 12 年，大学赋值为 16 年，研究生及以上赋值为 19 年；对于体力劳动程度变量，本书将选项从不体力劳动赋值为 1，很少体力劳动赋值为 2，有时体力劳动赋值为 3，经常体力劳动赋值为 4；对于工作场所变量，本书将户外赋值为 1，室内赋值为 0；对于工作安全性和工作环境变量，本书将非常不满意赋值为 1，不太满意赋值为 2，一般赋值为 3，比较满意赋值为 4，非常满意赋值为 5；对于是否吸烟和是否喝酒变量，本书将吸烟赋值为 1，喝酒也赋值为 1，不吸烟赋值为 0，不喝酒也赋值为 0。以上变量的描述性统计结果如表 6－1 所示。此外，本书也计算出了正规就业与非正规就业群体中非常不健康、比较不健康、一般、比较健康和非常健康的占比，如图 6－1 所示。

表 6－1　　变量的描述性统计分析

变量	变量描述	均值	标准差	最小值	最大值
健康状况	赋值为1—5，幸福感依次上升	3.684	0.901	1.000	5.000
非正规就业	非正规就业赋值为1，其他为0	0.455	0.623	0.000	1.000
性别	男性赋值为1，女性赋值为0	0.528	0.473	0.000	1.000
年龄	（岁）	38.491	11.422	18.000	60.000
年龄平方/100	年龄平方除以100	16.240	8.046	3.240	36.000
受教育年限	（年）	11.462	4.011	6.000	19.000
周工作时间	（小时）	49.760	16.013	0.000	112.000
体力劳动程度	数值越大，体力劳动程度越强	2.114	1.410	1.000	4.000
工作场所	户外赋值为1，室内赋值为0	0.303	0.479	0.000	1.000
工作安全性	赋值1—5，工作安全性越好	3.447	0.856	1.000	5.000
工作环境	赋值1—5，工作环境越干净	3.561	0.766	1.000	5.000
年收入对数	个人年收入的对数	10.355	0.738	6.367	13.229
是否吸烟	吸烟赋值为1，其他赋值为0	0.371	0.490	0.000	1.000
是否喝酒	喝酒赋值为1，其他赋值为0	0.351	0.488	0.000	1.000
省级养老保险覆盖率	参加养老保险职工人数/城镇就业人数	0.701	0.192	0.494	0.831

数据来源：根据CLDS（2016）数据计算所得。下同。

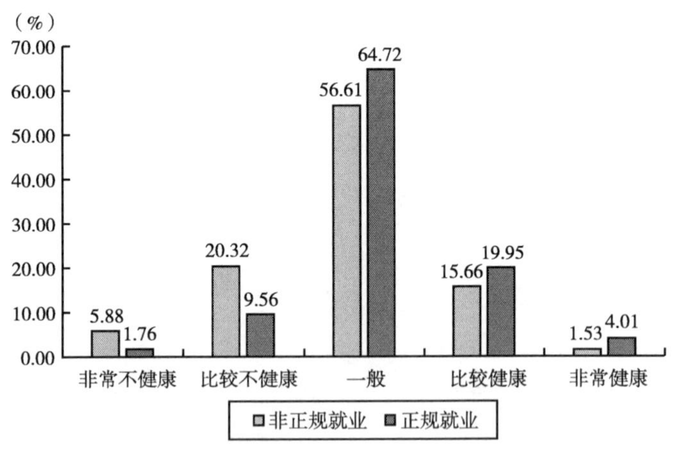

图 6－1　正规就业与非正规就业的健康差异

如图 6 - 1 所示，非正规就业群体中非常不健康和比较不健康的比例大于正规就业，而一般、比较健康和非常健康的比例小于正规就业。显然，与正规就业相比，非正规就业群体的健康状况相对更差。此外，为了比较正规就业与非常规就业群体在周工作时间、体力劳动程度、工作场所、工作安全性、工作环境和年收入水平是否存在显著性差异，本书对正规就业和非正规就业在周工作时间、体力劳动程度、工作场所、工作安全性、工作环境和年收入对数方面进行了独立样本 T 检验，具体检验结果见表 6 - 2。

表 6 - 2　　独立样本 T 检验分析

变量名称	正规就业		非正规就业	
	均值	P 值	均值	P 值
周工作时间	47.068	0.000	52.331	0.000
体力劳动程度	1.907	0.000	2.309	0.000
工作场所	0.239	0.000	0.349	0.000
工作安全性	3.577	0.000	3.441	0.000
工作环境	3.446	0.000	3.288	0.000
年收入对数	10.263	0.000	9.916	0.000

由表 6 - 2 可知，独立样本 T 检验的 P 值为 0.000 < 0.01，这表明非正规就业的周工作时间、体力劳动程度和工作场所的均值显著大于正规就业，正规就业的工作安全性、工作环境和年收入对数的均值显著大于非正规就业。

6.2 非正规就业对居民健康影响的实证分析

6.2.1 有序 Probit 结果

本书利用 Stata 软件对全样本进行有序 Probit 回归，同时还汇报了各个解释变量取其均值时对居民健康状况的边际影响。具体回归结果见表 6－3。

表 6－3　非正规就业与居民健康：有序 Probit 结果

解释变量	回归系数	边际效果				
		非常不健康	比较不健康	一般	比较健康	非常健康
非正规就业	－0.168*** (0.011)	0.010*** (0.003)	0.012*** (0.004)	0.039*** (0.009)	－0.015*** (0.002)	－0.040*** (0.012)
性别	0.201*** (0.007)	－0.020** (0.010)	－0.026*** (0.005)	－0.055*** (0.008)	0.031*** (0.005)	0.069*** (0.017)
年龄	0.012*** (0.002)	－0.001*** (0.000)	－0.004** (0.002)	－0.000*** (0.000)	0.001*** (0.000)	0.003*** (0.001)
年龄平方/100	－0.008** (0.004)	0.005*** (0.001)	0.003 (0.007)	0.010** (0.005)	－0.001 (0.001)	－0.006*** (0.002)
受教育年限	0.021*** (0.005)	－0.002*** (0.000)	－0.004** (0.002)	－0.003 (0.006)	0.009*** (0.002)	0.004*** (0.001)
周工作时间	－0.008** (0.004)	0.006*** (0.001)	0.006* (0.004)	0.007*** (0.001)	－0.090* (0.060)	－0.003 (0.005)
体力劳动程度	－0.012*** (0.002)	0.002 (0.007)	0.004*** (0.001)	0.006** (0.003)	－0.009*** (0.000)	－0.011*** (0.003)
工作场所	－0.087*** (0.014)	0.005*** (0.001)	0.008** (0.004)	0.024*** (0.005)	－0.008** (0.004)	－0.031*** (0.009)
工作安全性	0.117*** (0.022)	－0.013*** (0.003)	－0.009*** (0.001)	－0.033*** (0.002)	0.012** (0.006)	0.049*** (0.014)
工作环境	0.171*** (0.030)	－0.010** (0.005)	－0.013*** (0.003)	－0.041*** (0.009)	0.016*** (0.001)	0.052*** (0.014)
年收入对数	0.112*** (0.020)	－0.006** (0.003)	－0.028*** (0.001)	－0.009* (0.006)	0.011*** (0.001)	0.036*** (0.003)

续表

解释变量	回归系数	边际效果				
		非常不健康	比较不健康	一般	比较健康	非常健康
是否吸烟	-0.122*** (0.014)	0.007*** (0.002)	0.006*** (0.001)	0.031*** (0.010)	-0.018*** (0.004)	-0.030*** (0.009)
是否喝酒	-0.082*** (0.007)	0.006*** (0.001)	0.004*** (0.001)	0.022*** (0.005)	-0.005*** (0.001)	-0.017*** (0.004)
观测值	3 287	3 287	3 287	3 287	3 287	3 287

注：括号内数值为标准误差；***、**、*分别表示在1%、5%和10%水平上显著。下同。

由表6-3得出以下结论：

第一，在控制变量不变的条件下，核心解释变量非正规就业对居民健康状况的影响在1%统计意义上显著为负，这表明，非正规就业是影响居民健康状况的重要因素。如果居民从事非正规就业，那么他们的健康状况会显著降低。具体来说，如果居民从事非正规就业，将会使居民感觉“非常不健康”“比较不健康”和“一般”的概率分别上升1.0%、1.2%和3.9%，同时让居民感觉“比较健康”“非常健康”的概率分别下降1.5%和4.0%。因此，为了提高居民健康状况，降低非正规就业给居民带来的健康状况损失，促进社会经济中劳动力供给的健康可持续性发展，应该努力健全和完善劳动力市场。

第二，性别变量对居民健康状况的影响在1%统计意义上显著为正，这表明男性的健康状况比女性健康状况相对较好。年龄变量的系数显著为正，年龄平方变量的系数显著为负，这表明年龄与健康状况呈现显著的倒U形关系，即在一定的年龄拐点之前，居民健康状况随着年龄的增加而变好，而超过年龄拐点之后，居民健康状况随着年龄增加而变差。受教育年限变量对居民健康状况的影响在5%统计意义上显著为正，这与胡安宁（2014）得到的结论一致，即教育对城乡居民健康具有显著正向影响。

第三，周工作时间变量对居民健康状况的影响在5%统计意义上显著为负，周工作时间越长，居民的健康状况也将会变得越差，这与命题3的结论是一致的。由于每个人可支配的时间是固定的，因而用于工作和用于提高健康的时间成反向关系。如果周工作时间增加，则会减少用于提升健康的时间，这会显著降低居民的健康状况。与正规就业人群相比，非正规就业人群的工作时间相对更长，因此，非正规就业人群的身体健康状况相对更差，这也是非正规就业对居民健康状况影响显著为负的原因之一。体力劳动程度变量对居民健康状况影响在1%统计意义上显著为负。显然，体力劳动程度越大，对居民健康损失也会越大。工作场所对居民健康状况的影响在1%统计意义上显著为负，这表明户外工作的居民健康状况显著劣于室内工作的居民。工作安全性对居民健康状况的影响在1%统计意义上显著为正，这表明工作越安全，居民健康状况越好；工作越不安全，居民健康状况越差。工作环境变量对居民健康状况的影响在1%统计意义上显著为正，这表明工作环境越好，居民健康状况也会提升。这与命题2的结论是一致的。工作环境与居民健康的折旧率密切相关，工作环境越好，居民健康折旧率相对越小；相反，如果工作环境越差，居民的健康折旧率也会越大，从而居民健康损失也会增加。年收入对数变量在1%统计意义上显著提升了居民的健康状况，居民拥有较高的收入是提升他们健康状况的重要经济来源，因此，收入是影响居民健康的重要因素，这支持了命题1。吸烟喝酒都在1%统计意义上显著降低了居民的健康状况，而且吸烟对居民健康状况的危害更大。

6.2.2 性别和工作场所分样本回归结果

前文的分析是将所有的样本放在一起进行的有序 Probit 回归，因而得到的结论是非正规就业对所有居民健康状况的一个平均效应。接下来，本书按照性别和工作场所将全样本分为男性样本和女性样本、室内工作样本和户外工作样本，进一步分析非正规就业对不同群体居民健康状况影响是否存在差异。性别和工作场所分样本具体回归结果见表 6－4。

表 6－4　　性别和工作场所分样本回归结果

解释变量	男性	女性	室内	户外
非正规就业	－0.127*** (0.006)	－0.255*** (0.010)	－0.170*** (0.033)	－0.201*** (0.021)
控制变量	已控制	已控制	已控制	已控制
观测值	1 736	1 551	2 334	953

由表6－4得出以下结论：性别分样本回归结果表明，非正规就业对男性居民和女性居民健康状况的影响均在1%统计意义上显著为负，而且非正规就业对女性居民健康状况造成的损害大于男性居民。工作场所分样本回归结果表明，非正规就业对室内工作和户外工作居民的健康状况影响也是显著为负的，而且非正规就业对户外工作居民健康状况造成的损害大于室内工作居民。

对于控制变量而言，回归系数的显著性和符号与全样本回归结果基本一致，即无论是性别分样本还是工作场所分样本，回归结果中的年龄与居民健康状况的关系与全样本回归结果是一致的，即年龄与健康状况呈现显著的倒 U 形关系，即在一定的年龄拐点之前，居民健康状况随着年龄的增加而变好，而超过年龄拐点之后，居民健康状况随着年龄增加而变差，这种倒U形关系与性别和工作场所没有关系。受教育年限变量对女性居民健康状况影响是显著的，而且大于对男性居民健康状况的影响，同时受教育年限变量对户外工作的居民健康状况影响大于室内工作居民，这表明女性居民和户外工作居民增加自身受教育年限可以提升自身健康状况。无论是男性还是女性，室内工作者还是户外工作者，周工作时间、体力劳动程度、是否吸烟和是否喝酒变量对居民健康状况影响都是显著为负的，即增加周工作时间和体力劳动程度显著降低了居民健康状况，但是周工作时间和体力劳动程度变量对女性居民健康状况造成的损失大于男性居民，对户外工作者健康状况造成的损失大于室内工作者，同时吸烟和喝酒对女性和户外工作者的健康状况损失同样是最大的。分样本回归结果中的工作安全性、工作环境以及年收入对数变量对居民健康状况的影响与全样本回归结果也是一致的，即工作安全性和工作环境越好，收入越高，那么居民健康状况越好。

6.2.3 地区分样本回归结果

为了进一步考察非正规就业对不同地区居民健康状况的影响是否存在差异，本文将全样本分为东部地区、中部地区和西部地区。地区分样本回归结果见表6－5。

表6－5　　地区分样本回归结果

解释变量	东部地区	中部地区	西部地区
非正规就业	－0.149*** (0.012)	－0.211*** (0.007)	－0.243*** (0.037)
控制变量	已控制	已控制	已控制
观测值	1 760	886	641

由表6-5得出以下结论：非正规就业对东部地区、中部地区和西部地区居民健康状况的影响都在统计意义上显著为负，而且由东到西，非正规就业对居民健康状况造成的损害逐渐增大。一个可能的解释是，东部地区的劳动保护程度和医疗条件显著优于中西部地区。同样是非正规就业者，由于东部地区的社会保障相对健全，医疗服务水平较高，那么居民的健康状况也会相对较好，而中西部地区的劳动保护程度和医疗条件相对较差，尤其是西部地区，那么从事非正规就业对居民健康状况的损害会显著增加。

对于控制变量，无论是东部地区居民还是中西部地区居民，男性居民健康状况比女性居民健康状况相对较好。地区分样本回归结果中的年龄与居民健康状况的关系与全样本回归结果是一致的，即年龄与健康状况呈现显著的倒U形关系，即在一定的年龄拐点之前，居民健康状况随着年龄的增加而变好，而超过年龄拐点之后，居民健康状况随着年龄增加而变差，这种倒U形关系与地区没有关系。受教育年限变量对西部地区居民健康状况的影响大于东部和中部地区居民，这表明西部地区居民增加自身受教育年限对自身健康状况的提升程度显著大于东部和中部地区居民。无论是东部地区还是中西部地区，周工作时间、体力劳动程度、是否吸烟和是否喝酒变量对居民健康状况影响都是显著为负的，即增加周工作时间和体力劳动程度，吸烟以及喝酒都会显著降低了居民健康状况。地区分样本回归结果中的工作安全性、工作环境以及年收入对数变量对居民健康状况的影响与全样本回归结果也是一致的，即工作安全性和工作环境越好，收入越高，那么居民健康状况越好。

6.3 稳健性检验

为了检验前文的结果是否具有稳健性，本书进行了两组稳健性检验：一是内生性处理；二是替换变量。

6.3.1 内生性处理

表6-3中的回归结果表明，非正规就业显著降低了居民健康状况。但是，非正规就业和居民健康状况之间可能存在内生性问题，即健康状况越差的人从事非正规就业的可能性更大。非正规就业与居民健康状况之间的这种反向的因果关系，将会使非正规就业成为居民健康决定方程中的内生解释变量，此时，极大似然估计得到的有序Probit回归系数就不具有一致性。为了解决回归方程中的内生性偏误，需要寻找有效工具变量，以检验表6-3中的结果是否稳健。有效工具变量需要满足两个条件：其一，工具变量与内生解释变量相关；其二，工具变量必须是方程的外生变量，与随机扰动项不相关。本书利用省级养老保险覆盖率作为非正规就业的工具变量，主要原因是养老保险覆盖率越高的地方，劳动保护执行情况越好，劳动者从事非正规就业的可能性越小（王海成和郭敏，2015）。过度识别检验的P值为0.741，故接受原假设，认为工具变量为外生的。同时第一阶段回归的F统计量为99.287，远远超过了经验切割点10，这表明工具变量不是非正规就业的弱工具变量。工具变量有序Probit回归结果见表6-6。

表 6－6　非正规就业与居民健康：IV 有序 Probit 结果

解释变量	全样本	男性样本	女性样本	室内	户外	东部地区	中部地区	西部地区
第一阶段回归								
省级养老保险覆盖率	-0.151*** (0.008)	-0.110*** (0.002)	-0.192*** (0.007)	-0.093** (0.046)	-0.107** (0.053)	-0.080** (0.040)	-0.066* (0.044)	-0.119 (0.210)
第二阶段回归								
非正规就业	-0.166*** (0.004)	-0.154*** (0.006)	-0.180*** (0.011)	-0.141*** (0.020)	-0.173*** (0.019)	-0.147*** (0.013)	-0.154** (0.077)	-0.161** (0.081)
控制变量	已控制	已控制	已控制	已控制	已控制	已控制	已控制	已控制
观测值	3 287	1 736	1 551	2 334	953	1 760	886	641

表 6－6 显示，除了西部地区样本之外，第一阶段回归结果中的省级养老保险覆盖率对非正规就业的影响均在统计意义上显著为负，符合前文的分析。西部地区不显著，可能是因为西部地区样本相对较少。第二阶段回归结果中的非正规就业变量系数均在统计意义上显著为负，这表明非正规就业是影响居民健康状况的重要因素。如果居民从事非正规就业，那么他们的健康状况会显著降低，支持了表 6－3 的结论。同时，其他变量的回归系数符号与表 6－3 结果也是一致的，这里不再详细叙述。

6.3.2　替换变量

前文分析中的被解释变量为自评健康状况，接下来，本书用 BMI 指数、躯体疼痛和工伤作为健康的代理指标，进一步分析非正规就业的健康效应。

BMI 指数是体重（千克）与身高（米）平方的比值，是目前国际上常用的衡量人体胖瘦程度以及是否健康的一个指标。

世界卫生组织给出的不分性别的最优 BMI 范围是 18.5—24.99，超过最优范围代表过胖，低于最优范围代表过瘦，过胖和过瘦都是不健康的表现。因此，如果个体的 BMI 指数处于最优范围之内，本书将其赋值为 1，代表该个体身体健康；否则赋值为 0，代表该个体不健康。

对于躯体疼痛变量，对应的调查问卷中的问题为“在过去一个月，是否由于身体疼痛问题影响到您的工作或其他日常活动?”本书将“总是、经常和有时”赋值为 1，代表劳动者身体健康较差；将“没有和很少”赋值为 0，代表劳动者健康状况相对较好。

对于工伤变量，对应的调查问卷中的问题为“您是否曾有过工伤?”本书将“是”赋值为 1，将“否”赋值为 0。之所以选择工伤变量，是因为工伤可以在一定程度上反映劳动者的工作环境。如果发生过工伤，表明劳动者的工作环境相对较差，身体健康状况较差的概率也应该较大。非正规就业对 BMI 指数、躯体疼痛和工伤影响的回归结果见表 6－7。

表 6－7　非正规就业对 BMI 指数、躯体疼痛和工伤的影响结果

解释变量	BMI 指数	躯体疼痛	工伤
非正规就业	－0.133*** (0.015)	0.124*** (0.002)	0.091 (0.168)
控制变量	已控制	已控制	已控制
观测值	2 751	2 751	2 751

由表 6－7 可知，以 BMI 指标和躯体疼痛作为健康的代理指标，非正规就业在 1% 统计意义上显著降低了居民的健康状况，同时也在 1% 统计意义上显著增加了居民躯体疼痛的概率，这表明与正规就业相比，非正规就业偏胖或偏瘦的概率和身体疼痛

影响工作的概率更大。对于工伤变量作为健康的代理指标，非正规就业会增加发生工伤的概率，这一结果在统计意义上却不显著。这可能是因为非正规就业群体中有一部分是自我经营者，对于这一部分人来说，身体受到损伤不涉及工伤问题。当然，也有可能是样本选择存在问题，导致该结果不显著。

6.4　本章小结

本章使用 CLDS（2016）数据定量检验了非正规就业对居民健康的影响，同时按照性别、工作场所和地区将全样本分为男性样本、女性样本、室内工作样本、户外工作样本、东部地区、中部地区和西部地区共 7 个分样本，进一步分析了非正规就业对不同群体居民健康状况影响是否存在差异。研究发现了以下四条重要结论：

第一，非正规就业对居民健康状况的影响在 1% 统计意义上显著为负，这表明，非正规就业是影响居民健康状况的重要因素。如果居民从事非正规就业，那么他们的健康状况会显著降低。分样本回归结果显示，非正规就业对居民健康状况的影响具有异质性，其中非正规就业对男性居民、女性居民、室内工作者和户外工作者健康状况的影响在统计意义上显著为负，但是非正规就业对女性居民健康状况造成的损害大于男性，对户外工作者健康状况造成的损害大于室内工作者。非正规就业对东部地区居民以及中西部地区居民健康状况的影响也是显著为负的，而且由东到西，非正规就业对居民健康造成的损害逐渐增大。

第二，年龄与健康状况呈现显著的倒 U 形关系，即在一定的年龄拐点之前，居民健康状况随着年龄的增加而变好，而超过年龄拐点之后，居民健康状况随着年龄增加而变差。周工作时间、体力劳动程度、工作场所以及吸烟、喝酒显著降低了居民健康状况，而且对女性居民和户外工作者的健康损失更大。安全的工作、良好的工作环境以及较高的收入会显著提升居民健康状况。

第三，受教育年限变量对女性居民健康状况影响是显著的，而且大于对男性居民健康状况的影响，同时受教育年限变量对西部地区居民健康状况的影响大于东部和中部地区居民，这表明女性居民和西部地区居民增加自身受教育年限可以显著提升健康状况。

第四，以 BMI 指标和躯体疼痛作为健康的代理指标，非正规就业在 1% 统计意义上显著降低了居民的健康状况，同时也在 1% 统计意义上显著增加了居民躯体疼痛的概率，这表明与正规就业相比，非正规就业偏胖或偏瘦的概率和身体疼痛影响工作的概率更大。对于工伤变量作为健康的代理指标，非正规就业会增加发生工伤的概率，这一结果在统计意义上却不显著。

针对上述结论，为了缩小正规就业与非正规就业健康差异，提高居民总体健康资本水平，促进社会经济中劳动力供给的健康可持续性发展，笔者提出如下政策建议：

首先，政府部门和企业部门应努力消除城乡、行业和性别等一切影响平等就业的制度性障碍和就业歧视，促进劳动力市场规范化，提高非正规就业者的收入水平，使劳动力市场中的大量非正规就业者得到更安全和更可靠的社会保障。

其次，对于从事非正规就业的男性居民和户外劳动者，企业部门应该努力提高他们的工作安全性，降低不安全事故发生率。

最后，政府部门应对中西部地区加大投资力度，促进资源要素的合理配置，提高中西部地区经济发展水平，同时重点保障中西部贫困地区居民也能享受基本医疗保险和养老保险。

总之，我们应努力缩小正规就业与非正规就业健康差异，提高中国居民总体健康资本水平，让广大劳动者拥有更健康的身体、过上更美好的生活，助力中国经济可持续发展，并为最终实现“中国梦”奠定坚实的基石。

7 非正规就业的认知效应分析

前文从工资和健康两个角度分析了非正规就业对居民社会融入影响的传导渠道，由于主观公平认知和主观幸福感认知也是居民社会融入评价指标体系中的重要因素，接下来，本书继续从主观公平认知和主观幸福感角度出发，分析非正规就业影响居民社会融入的另一个重要传导渠道，即非正规就业的认知效应。

2018 年《全球幸福指数报告》给出了 156 个国家和地区的幸福指数排名。榜单上最幸福的国家是芬兰，排名第二的是挪威，丹麦、冰岛和瑞士分别位列第三、第四和第五位。中国大陆排名第 86 位，在上榜国家中排在中游；中国台湾排名第 26 位，中国香港位列第 76 名。该榜单由联合国“可持续发展解决方案网络”（SDSN）和哥伦比亚大学的地球研究所联合发布，为了更准确地衡量不同国家的居民主观幸福感，这份报告充分考虑了影响居民主观幸福感的各种因素，如人均国内生产总值、健康状况、预期寿命以及自然环保等因素。报告发现，在经济不发达的国家，人均国内生产总值是决定居民主观幸福感的决定性因素；在经济相对发达的国家，财富并不是影响居民主观幸福感的决定性因素，而社会机会均等程度对居民主观幸福感具有显著影响。显然，社会机会不均会显著降低居民主观幸福感。

就业机会不平等是社会机会不均的重要表现之一，这也是影响中国居民主观幸福感的重要因素之一。近年来，伴随着中国城市经济的发展，大量农村劳动力迅速涌入城市，他们希望能够在城市找到理想的工作。然而受他们的平均受教育年限较低、缺乏工作经验，而且城市中正规部门的就业岗位存在进入的高门槛障碍等因素影响，进城的许多农村劳动力只能选择非正规就业。相比正规就业者，非正规就业者不仅面临远离家乡、长时间不能和家人团聚的问题，而且他们还面临工作时间较长、工作环境较差、工资收入较低、未来生活预期不乐观、社会经济地位较低以及缺乏社会保障等诸多问题。他们面临的这些问题都严重影响了他们的生活质量和主观幸福感。幸福经济学的文献研究在最近20多年里取得了丰硕成果。已有文献研究了微观个体变量（如性别、年龄、学历、宗教信仰、家庭收入、婚姻状况等）以及宏观经济变量（如经济增长、失业率、通货膨胀率等）对居民主观幸福感的影响，但国内直接研究非正规就业对居民主观幸福感影响的实证文献并不多。

公平是社会发展追求的重要目标之一。20世纪90年代初，中国提出了“效率优先，兼顾公平”的分配制度。伴随着市场经济逐步替代计划经济，中国经济得到了高速发展。但由于社会建设滞后于经济发展，中国出现了部分社会问题，其中非正规就业者面临的不公平问题应引起特别关注。相比正规就业者，非正规就业者的工作时间较长、工作环境较差、工资收入较低并且缺乏社会保障等问题严重损害了其应有的机会和权利；同时这些问题也严重影响了他们对社会总体公平程度的评价。我国历来都重视公平和正义问题，近年来更加强调应当将维护和促进公平正义放到一个“更加突出的位置”，初次分配和再分配都要处理好效率和公平的关系，再分配更加注重公平。值得注意的是，党的十八大报告和十八届三中全会通过的《中共中央关于全面深化改革若干重大问题的决定》[①] 更是将公平和正义放到了一个前所未有的高度来看待，提出要逐步建立以权利公平、机会公平、规则公平为主要内容的社会公平保障体系，而以上三种公平又是现代社会公认的反映居民主观公平认知的重要影响维度（Hochschild，1981；Verba 和 Orren，1985；张曙光，2004；姚洋，2004）。基于此，本书想进一步探究非正规就业对居民主观公平认知的影响程度到底如何？以及对于不同性别、户籍的群体是否会呈现异质性影响效应？非正规就业对居民主观公平认知的影响又是通过怎样的传导机制来实现的？通过对这些问题的回答，可以基于非正规就业者的视角来深入分析中国社会不平等状况，并提出促进劳动力市场规范化和社会公平正义的相关政策建议，从而对于进一步提高居民社会融入程度，维护和增进社会稳定具有重要的现实意义。

国内外学者从不同的角度对公平问题进行了大量研究，总体来说分为三类：分配公平、机会公平和权利公平。首先是分配公平。大量研究发现收入分配不公平是影响居民再分配偏好的重要因素，但是两者之间的关系无论是在理论上还是在实证上都未取得完全一致的结论：有的学者提出收入分配不公平程度越大，居民再分配偏好越强（Roberts，1977；Meltzer 和 Richard，1981）。但 Benabou（2000）却认为，收入分配不公平与居民再分配偏好之间是一种 V 形关系，只有在收入分配不公平程度较高的时候，两者才会呈现正相关关系。Ramcharan（2010）

---

① 人民网：《中共中央关于全面深化改革若干重大问题的决定》，http：//paper. people. com. cn/rmrb/html/2013 -11/16/nw. D110000renmrb_20131116_2 -01. htm.

利用美国1890—1930年的农村数据，得出了收入分配不公平与居民再分配偏好显著负相关的结论。李路路等（2012）研究发现，受访群体普遍反映当前的收入不平等持续拉大，收入分配欠缺公平性和合理性，而且居民的不公平感越高，其社会冲突意识就越强。刘华等（2014）利用CGSS数据对转型背景下的居民主观收入不平等与再分配偏好进行了实证研究，发现公平认知显著影响居民主观收入不平等，同时居民不认可的收入不平等与再分配偏好显著正相关。徐建斌等（2013）同样指出，主观公平认知显著影响中国居民再分配偏好，当不公平的收入差距扩大时，居民更加支持再分配，而且再分配偏好存在户籍异质性效应。徐建斌等（2014）利用CGSS数据研究发现，居民感知的税负公平显著影响其再分配偏好，感知税负不公平的居民有更强的再分配偏好。袁正等（2013）利用CHIPS数据，检验了收入水平和分配公平对居民主观幸福感的影响，发现收入水平显著提升了居民主观幸福感，但是分配不公对居民主观幸福感有显著的负效应，而且对低收入组居民的负效应更大。文雯（2015）利用CGSS数据对中国居民收入分配的公平认知和诉求进行了检验，指出居民对于权力决定成功、资本所有者剥夺劳动者、税收调节不到位等分配不公现象的认知显著增加了其收入分配不公平感。

其次是机会公平。Hogan（2005）强调机会公平是机会在不同人群中的公平分配，每个人都有获得成功的平等权利和机会。Roemer（1998）和Whyte（2010）研究均认为，教育对机会公平有独特影响。考虑到教育的根本功能在于在人群中分配优点，从而为人们提供了向上流动的基本动力。孟天广（2012）同样认为受教育机会的平等是影响居民机会公平感的重要因素。李颖晖（2015）研究发现教育能够显著影响居民的收入分配公平认知，教育程度越高，居民的收入分配公平认知越高。史耀疆等（2006）从公平观角度考察了公民对社会公平程度和生活满意度的评价，发现机会公平对于公民评价社会公平程度以及公民生活满意度有更为显著的作用。此外，王洪亮（2012）从收入流动性视角对中国居民获取收入的机会公平性进行考察，发现中国居民收入流动性较弱，而且居民获取收入的机会公平性在下降，收入分配格局有僵化趋势。贾康等（2012）从住房保障模式选择角度对政府如何权衡机会公平和结果均平进行了研究，发现注重机会公平的住房保障模式有助于提高效率，而注重结果均平的模式在一定程度上有损效率。但政府应选择哪种住房保障模式，应结合中国国情和社会经济发展状况来考虑。

最后是权利公平。权利公平原则是规范和控制行政权力的重要行政法则。姜明安（2012）指出中国现行法律规范中虽然有体现权利公平的若干制度，但仍然缺乏体现权利公平原则的法律法规和规范性文件。李玉（2013）进一步指出权利公平原则是保障人权益的重要行政法原则，应努力构建相关技术规范以使得权利公平原则得到落实。同时中国城乡居民在基本文化权利的实现方面存在巨大的差距，这种差距不仅体现在文化价值观的表达方式和公共文化资源的利用方面，也体现在非物质文化遗产的保护方面，为此，闻媛（2011）提出为了促进新农村文化建设，政府应努力保障城乡居民基本文化权利公平。此外，关信平（2015）从权利公平的角度讨论了非户籍人口平等获得公共服务的制度问题，发现权利公平对非户籍人口社会融入具有积极作用，加强社会公平价值观有助于非户籍人口积极融入社会。

关于非正规就业，Rostad（2009）和 Phelan（2010）研究均表明从事非正规就业，由于收入水平比较低，进而对社会经济地位和健康状况造成负面影响。焦开山（2012）针对中国数据得到了同样的结论，即相比于正规就业者，非正规就业者的健康状况和社会地位相对要更低，从而也就不能保证其充分享有基本的社会保障权利。胡安宁（2012）研究指出，非正规就业者的平均教育年限较低，而且教育质量相对更差。胡荣（2012）进一步研究发现非正规就业者往往面临更多户籍歧视和不公平待遇，从而较难融入城市文化。徐淑一（2015）则指出经济收入与未来预期紧密相关，非正规就业者由于低收入水平，从而对未来预期通常持有消极的态度。

通过梳理已有文献可以看出，国内外学者多是从权利公平、机会公平和规则公平三个不同角度研究公平问题及其对居民生活产生的影响，也研究了关于非正规就业视角对居民收入、教育、健康和社会地位的影响。但是目前还未曾有研究将两个视角综合起来考虑非正规就业对居民社会总体公平认知的影响，本书正是以此作为研究的切入点。由前文分析可知，权利公平、机会公平和规则公平是构成居民对社会总体公平认知的重要维度。考虑到非正规就业者在当前劳动力市场中往往面临着就业机会不平等、社会保障权利不完善以及收入分配不公平等问题，因此非正规就业通过影响居民权利公平认知、机会公平认知，以及规则公平认知三个子维度，必然会对居民总体主观公平认知产生一定影响，但是具体各自影响程度有多大，目前还未曾有研究从实证角度进行考量。

因此，本书基于中国综合社会调查数据，首先，从公平认知角度和幸福感认知角度出发，利用有序 Probit 模型实证分析非正规就业的认知效应，并以省级养老保险覆盖率作为工具变量有效解决内生性问题；其次，将样本按照性别和户籍进行分类，检验其影响是否存在群体异质性效应；最后，为了深入探究非正规就业对居民主观公平认知背后的影响机制，分别考察了非正规就业对权利公平认知、机会公平认知和规则公平认知三个子维度的影响效应。

7.1 数据来源与模型选择

7.1.1 数据来源

本书使用的数据来自 CGSS（2013）。之所以选择 2013 年的数据，是因为这一年的调查问卷包含详细的公平认知变量，即不仅包括总体公平认知变量，而且包括权利公平认知，机会公平认知和规则公平认知变量。该调查始于 2003 年中国人民大学社会学系和香港科技大学社会科学部所发起的一项全国性、综合性、连续性学术调查项目。本书的研究对象为年龄在 18—60 岁且周工作时间在 0—112 小时的居民。

7.1.2 模型选择

由于本书的被解释变量为有序离散变量，因此，本书采用有序 Probit 模型来分析非正规就业对居民主观公平认知和主观幸福感认知的影响。该模型假定存在一个能够代表被解释变量 Y（主观公平认知或主观幸福感认知），但又不能直接观测的潜在变量 Y^*，本书假定潜在变量由式（7－1）决定：

$$Y_i^* = \beta_i Informal_i + X_i'\gamma_i + \varepsilon_i \tag{7-1}$$

式（7－1）中，$Informal$ 为非正规就业，β 是其对应的回归系数；X_i' 表示影响居民主观公平认知或主观幸福感认知的控制变量（如年龄、性别、婚姻状况等），γ 是其对应的回归系数矩阵；ε_i 代表随机扰动项。

同时，设 $\alpha_1 < \alpha_2 < \alpha_3 < \alpha_4$，并定义：

$$Y_i = \begin{cases} 1, Y_i^* < \alpha_1 \\ 2, \alpha_1 \leqslant Y_i^* < \alpha_2 \\ 3, \alpha_2 \leqslant Y_i^* < \alpha_3 \\ 4, \alpha_3 \leqslant Y_i^* < \alpha_4 \\ 5, \alpha_4 \leqslant Y_i^* \end{cases} \tag{7-2}$$

如果随机扰动项 ε_i 服从标准正态分布，那么可以得到居民主观公平认知或主观幸福感认知的条件概率分布，表示如下：

$$\begin{aligned} \Pr(Y = 1/X) &= \Pr(Y^* < \alpha_1) = \phi(\alpha_1 - f(X)) \\ \Pr(Y = 2/X) &= \Pr(\alpha_1 \leqslant Y^* < \alpha_2) = \phi(\alpha_2 - f(X)) \\ &\quad - \phi(\alpha_1 - f(X)) \\ \Pr(Y = 3/X) &= \Pr(\alpha_2 \leqslant Y^* < \alpha_3) = \phi(\alpha_3 - f(X)) \\ &\quad - \phi(\alpha_2 - f(X)) \\ \Pr(Y = 4/X) &= \Pr(\alpha_3 \leqslant Y^* < \alpha_4) = \phi(\alpha_4 - f(X)) \\ &\quad - \phi(\alpha_3 - f(X)) \\ \Pr(Y = 5/X) &= \Pr(\alpha_4 \leqslant Y^*) = 1 - \phi(\alpha_4 - f(X)) \end{aligned} \tag{7-3}$$

其中，$\phi(\cdot)$ 为标准正态分布的分布函数，$f(X) = \beta_i Informal_i + X_i'\gamma_i$。在有序 Probit 模型中，如果随机扰动项与解释变量相互独立，那么采用极大似然法对参数进行估计，将会得到一致估计量。

7.2 非正规就业的主观公平认知效应分析

7.2.1 变量描述

非正规就业的主观公平认知效应分析的被解释变量为居民

主观公平认知，是居民对当今社会公平程度的一个总体评价。对于主观公平认知变量，该变量对应的调查问卷中的问题为："总的来说，您认为这个社会公不公平?"该问题的选项分别是"完全不公平""比较不公平""一般""比较公平""完全公平"，本书将这五个选项分别赋值为1—5的整数，代表居民主观公平认知依次增高。本书还构造了权利公平认知、机会公平认知和规则公平认知三个变量，进一步分析非正规就业对居民权利公平认知、机会公平认知和规则公平认知的影响。这三个变量分别对应调查问卷中的问题为"只要孩子够聪明、够努力，同样有升学权利""在我们这个社会，工人和农民的后代与其他人的后代有一样多的机会""有人挣钱多，有人挣钱少，但这事公平"。本书将"同意"赋值为1，"不同意"赋值为0。

核心解释变量为非正规就业。由于居民主观公平认知还受到其他因素的影响，本书还引入了控制变量。本书的控制变量包括性别、年龄、宗教信仰、政治面貌、户籍状况、受教育年限、健康状况、婚姻状况、个人年收入对数、周工作时间。对于性别变量，本书将男性赋值为1，女性赋值为0；对于宗教信仰变量，本书将有宗教信仰赋值为1，其他赋值为0；对于政治面貌变量，本书将中共党员赋值为1，其他赋值为0；对于户籍状况变量，本书将城镇户籍赋值为1，农村户籍赋值为0；对于受教育年限变量，本书将文盲赋值为0，小学赋值为6年，初中赋值为9年，高中赋值为12年，大学赋值为16年，研究生及以上赋值为19年；对于健康状况变量，本书将很不健康、比较不健康、一般、比较健康、很健康依次赋为1—5；对于婚姻状况变量，本书将已婚赋值为1，其他赋值为0。以上变量的描述性统计结果如表7-1所示。为了更清晰地比较正规就业与非正规就业的主观公平认知差异，本书计算出了两类就业群体的认知差异图，具体如图 7 - 1 所示。

表 7 - 1　　　　变量的描述性统计分析

变量	变量描述	均值	标准差	最小值	最大值
总体主观公平认知	赋值为 1—5，主观公平认知度依次增高	2.804	1.117	1.000	5.000
权利公平认知	同意赋值为 1，不同意赋值为 0	0.585	0.479	0.000	1.000
机会公平认知	同意赋值为 1，不同意赋值为 0	0.569	0.501	0.000	1.000
规则公平认知	同意赋值为 1，不同意赋值为 0	0.486	0.513	0.000	1.000
非正规就业	非正规就业赋值为 1，正规就业赋值为 0	0.578	0.496	0.000	1.000
性别	男性赋值为 1，女性赋值为 0	0.547	0.491	0.000	1.000
年龄	（岁数）	39.814	10.342	18.000	60.000
宗教信仰	有宗教信仰赋值为 1，其他赋值为 0	0.101	0.305	0.000	1.000
政治面貌	中共党员赋值为 1，其他赋值为 0	0.131	0.290	0.000	1.000
户籍状况	城镇赋值为 1，其他赋值为 0	0.506	0.593	0.000	1.000
受教育年限	（年数）	11.096	3.879	0.000	19.000
健康状况	赋值为 1—5，健康状况依次增强	3.987	0.861	1.000	5.000
婚姻状况	已婚赋值为 1，其他赋值为 0	0.821	0.402	0.000	1.000
年收入对数	个人年收入的对数	10.304	0.815	6.685	13.122
周工作时间	（小时）	51.341	17.023	3.000	112.000
省级养老保险覆盖率	参加养老保险职工人数/城镇就业人数	0.597	0.083	0.419	0.705

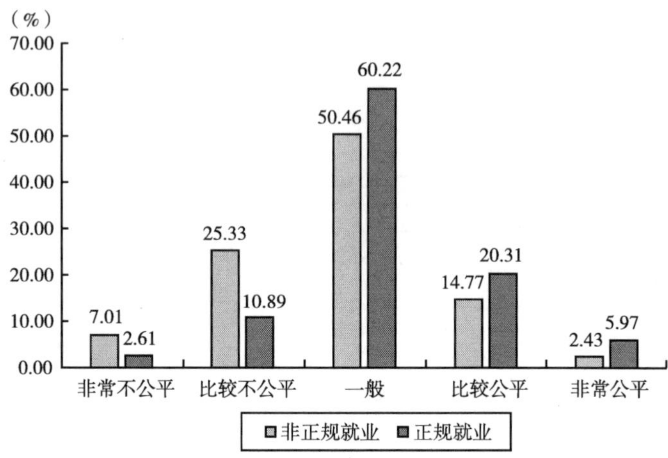

图 7－1 正规就业与非正规就业的主观公平认知差异

7.2.2 全样本实证结果及分析

本书利用 Stata 软件对全样本进行有序 Probit 回归，同时还汇报了各个解释变量取其均值时对居民主观公平认知的边际影响。具体回归结果见表 7－2。

表 7－2 非正规就业与居民主观公平认知：有序 Probit 结果

解释变量	回归系数	边际效果				
		完全不公平	比较不公平	一般	比较公平	完全公平
	(1)	(2)	(3)	(4)	(5)	(6)
非正规就业	－0.156*** (0.047)	0.025*** (0.007)	0.037*** (0.011)	－0.008*** (0.002)	－0.048*** (0.014)	－0.006*** (0.002)
性别 (男性＝1)	－0.014 (0.044)	0.002 (0.005)	0.003 (0.010)	－0.001 (0.002)	－0.004 (0.013)	－0.001 (0.001)
年龄	0.001 (0.002)	－0.000 (0.000)	－0.001 (0.003)	0.002 (0.003)	0.001 (0.001)	0.000 (0.000)

续表

解释变量	回归系数	边际效果				
		完全不公平	比较不公平	一般	比较公平	完全公平
	(1)	(2)	(3)	(4)	(5)	(6)
宗教信仰（有 =1）	0.140 ** (0.070)	-0.021 ** (0.009)	-0.035 * (0.018)	0.005 *** (0.001)	0.044 ** (0.022)	0.005 * (0.0031)
政治面貌（党员 =1）	0.211 *** (0.062)	-0.030 *** (0.008)	-0.053 *** (0.016)	0.007 *** (0.002)	0.067 *** (0.020)	0.008 *** (0.003)
户籍状况（城镇 =1）	-0.176 *** (0.050)	0.027 *** (0.008)	0.042 *** (0.012)	-0.008 *** (0.002)	-0.055 *** (0.015)	-0.006 *** (0.002)
受教育年限	-0.008 (0.008)	0.001 (0.001)	0.002 (0.002)	-0.000 (0.000)	-0.002 (0.002)	-0.001 (0.007)
健康状况	0.071 *** (0.025)	-0.011 *** (0.004)	-0.017 *** (0.006)	0.004 *** (0.001)	0.022 *** (0.007)	0.002 *** (0.000)
婚姻状况（已婚 =1）	0.012 (0.053)	-0.002 (0.008)	-0.003 (0.013)	0.001 (0.003)	0.004 (0.016)	0.001 (0.002)
年收入对数	0.062 ** (0.030)	-0.010 ** (0.005)	-0.015 ** (0.007)	0.003 * (0.002)	0.019 ** (0.009)	0.002 ** (0.001)
周工作时间	-0.003 *** (0.001)	0.001 *** (0.000)	0.001 *** (0.000)	-0.001 ** (0.000)	-0.001 ** (0.000)	-0.002 ** (0.001)
观测值	2 017	2 017	2 017	2 017	2 017	2 017

注：括号内数值为标准误差；***、**、* 分别表示在 1%、5% 和 10% 水平上显著，下同。

由表 7-2 得出以下结论：

第一，在控制变量不变的条件下，核心解释变量“非正规就业”对居民主观公平认知的影响在 1% 统计意义上显著为负，这表明，非正规就业是影响居民主观公平认知的重要因素。如果居民从事非正规就业，那么他们对社会总体公平程度的评价会显著偏低。详细来说，如果居民从事非正规就业，那么他们对社会总体公平程度的评价为“完全不公平”“比较不公平”的概率分别上升 2.5% 和 3.7%，同时他们感觉“一般”“比较公平”和“完全公平”的概率分别下降 0.8%、4.8% 和 0.6%。因此，从公平角度来看，健全和完善劳动力市场可以显著提升居民对社会总体公平程度的评价。

第二，从居民个人特征来看，性别、户籍状况和受教育年限对居民主观公平认知的影响为负，其中性别和受教育年限系数不显著，而户籍状况变量系数在 1% 统计意义上显著。这表明男性对社会总体公平程度的评价低于女性，城镇户籍居民对社会总体公平程度的评价低于农村户籍居民。一个可能的解释是：与女性相比，男性工作压力更大，承担的社会责任更多，这在一定程度上会降低他们对社会总体公平程度的评价。与城镇户籍居民相比，农村居民预期实现程度更高，收入增加状况良好，生活压力较小，致使他们对社会总体公平程度的评价高于城镇居民。与受教育年限低的居民相比，受教育年限高的居民有着相对更高的未来预期，但未来预期的实现难度较大，这显然会降低他们对社会公平程度的评价。年龄、宗教信仰、政治面貌、健康状况和婚姻状况对居民主观公平认知的影响为正，除了年龄和婚姻状况不显著之外，其他三个变量都在统计意义上显著。这表明年龄越大，居民对社会公平程度评价越高，已婚者对社会公平程度的评价高于未婚者，有宗教信仰的居民、中共党员以及身体健康的居民对社会公平程度的评价更高。一个可能的解释是：年龄越大的居民，越容易得到满足，乐观的生活态度显然会提升他们对社会公平程度的评价，同时有宗教信仰的居民、中共党员、已婚者和身体健康的居民生活状态较好，生活满意度总体较高，这在一定程度上会显著提升他们对社会公平程度的评价。

第三，从居民个人收入和工作状况来看，年收入对数对居民主观公平认知的影响在5%统计意义上显著为正，这表明个人年收入越高的居民，对社会总体公平程度的评价越高，而年收入越低的居民，越倾向抱怨社会不公平。周工作时间对居民主观公平认知的影响在1%统计意义上显著为负，这表明周工作时间越长越会显著降低居民对社会公平程度的评价。

7.2.3 分样本实证结果及分析

前文的分析是将所有的样本放在一起进行的有序 Probit 回归分析，因此得到的结论是非正规就业对所有居民主观公平认知的一个平均效应。接下来，本书按照性别和户籍状况将全样本分为男性样本和女性样本、城镇户籍样本和农村户籍样本，进一步分析非正规就业对不同群体居民主观公平认知影响是否存在差异。性别和户籍状况分样本具体回归结果见表 7－3。

表 7－3 异质性的非正规就业与居民主观公平认知：有序 Probit 结果

解释变量	性别		户籍状况	
	男性	女性	城镇户籍	农村户籍
	(7)	(8)	(9)	(10)
非正规就业	-0.226*** (0.061)	-0.117*** (0.005)	-0.164*** (0.011)	-0.108** (0.054)
性别（男性＝1）	— —	— —	-0.005 (0.021)	-0.002 (0.003)
年龄	0.001 (0.003)	0.002 (0.004)	0.004 (0.017)	0.007 (0.013)

续表

解释变量	性别		户籍状况	
	男性	女性	城镇户籍	农村户籍
	(7)	(8)	(9)	(10)
宗教信仰（有=1）	0.204** (0.093)	0.032** (0.016)	0.097* (0.054)	0.156** (0.078)
政治面貌 (党员=1)	0.272*** (0.074)	0.012 (0.107)	0.224*** (0.017)	0.101 (0.098)
户籍状况 (城镇=1)	-0.226*** (0.065)	-0.082** (0.040)	— —	— —
受教育年限	-0.009 (0.008)	-0.005 (0.012)	-0.011 (0.010)	-0.006 (0.012)
健康状况	0.084*** (0.032)	0.118*** (0.031)	0.086** (0.035)	0.078** (0.039)
婚姻状况 (已婚=1)	0.009 (0.018)	0.014 (0.012)	0.013 (0.054)	0.090 (0.014)
年收入对数	0.124** (0.062)	0.112** (0.050)	0.077* (0.041)	0.062*** (0.007)
周工作时间	-0.003* (0.002)	-0.007*** (0.002)	-0.004** (0.002)	-0.002** (0.001)
观测值	1 103	914	1 021	996

由表7-3得出以下结论：

第一，非正规就业对居民主观公平认知的影响存在一定程度的异质性。非正规就业对男性居民和女性居民主观公平认知的影响都在1%统计意义上显著为负，而且非正规就业对男性居民主观公平认知造成的损失大于女性。同时非正规就业对城镇居民和农村居民主观公平认知的影响在统计意义上也是显著为负的，而且非正规就业对城镇居民主观公平认知造成的损失大于农村居民。一个可能的解释是：男性居民和城镇居民工作压力更大，如果从事非正规就业，不仅对他们自身的社会地位造成损失，而且非正规就业工资水平相对较低，工作环境相对较差，同时缺乏社会保障，这会显著降低居民自身生活满意度以及家庭的生活质量，因此，从事非正规就业对他们主观公平认知造成的损失更大。

第二，从居民个人特征来看，无论是男性居民还是女性居民，户籍状况和受教育年限对居民主观公平认知的影响为负，其中受教育年限系数不显著，而户籍状况系数在统计意义上显著；同时无论是城镇居民还是农村居民，性别和受教育年限对居民主观公平认知的影响为负，其中性别和受教育年限系数不显著。此外，年龄、宗教信仰、政治面貌、健康状况和婚姻状况对居民主观公平认知的影响为正，这与全样本回归结果一致，即年龄越大，居民对社会公平程度评价越高；有宗教信仰的居民对社会公平程度评价越高；中共党员对社会公平程度的评价大于非中共党员；与身体不健康的居民相比，身体健康的居民对社会公平程度的评价更高；已婚者对社会公平程度的评价高于未婚者。除了年龄和婚姻状况不显著之外，其他三个变量都在统计意义上显著。

第三，从居民个人收入和工作状况来看，无论是男性居民还是女性居民，也无论是城镇居民还是农村居民，年收入对数变量对居民主观公平认知的影响都在统计意义上显著为正，周工作时间变量对居民主观公平认知的影响都在统计意义上显著为负，这表明居民个人年收入和周工作时间对居民社会公平程度评价的影响与群体异质性无关。居民年收入越高，他们对社会公平程度评价越高；居民年收入越低，则对社会公平程度评价越低。居民周工作时间越长，他们对社会公平程度评价则越低。显然，如果想提升居民主观公平认知评价，增加居民收入，缩短居民工作时间是有效的。

7.2.4 稳健性检验

表7－2和表7－3中的回归结果表明，非正规就业能显著降低居民主观公平认知。但是，非正规就业和居民主观公平认知之间可能存在内生性问题，即对社会公平程度评价越低的人从事非正规就业的可能性越大。非正规就业与居民主观公平认知之间的这种反向的因果关系，将会使非正规就业成为居民主观公平认知决定方程中的内生解释变量，此时，极大似然估计得到的有序 Probit 回归系数就不具有一致性。为了解决回归方程中的内生性偏误，需要寻找有效工具变量，以检验表7－2和表7－3中的结果是否具有稳健性。本书利用省级养老保险覆盖率作为非正规就业的工具变量，主要原因是养老保险覆盖率越高的地方，劳动保护执行情况越好，劳动者从事非正规就业的可能性越小（王海成和郭敏，2015）。过度识别检验的 P 值为 0.706，故接受原假设，认为工具变量为外生的，与扰动项不相关。同时第一阶段回归的 F 统计量为 101.197，远远超过了经验切割点10，这表明工具变量不是非正规就业的弱工具变量。工具变量有序 Probit 具体回归结果见表7－4。

由表7－4可知，第一阶段回归结果显示省级养老保险覆盖率对非正规就业的影响在统计意义上显著为负，符合前文的分析。第二阶段回归结果显示在控制变量不变的情况下，无论是全样本还是分样本中的非正规就业变量系数都在统计意义上显著为负，这表明非正规就业是影响居民主观公平认知的重要因素。如果居民从事非正规就业，那么会显著降低他们对社会公平程度的评价，支持了表7－2和表7－3的结论。同时控制变量的回归系数符号与表7－2和表7－3结果也是一致的，这里不再详细叙述。

表7－4 非正规就业与居民主观公平认知：IV有序Probit结果

解释变量	全样本	男性样本	女性样本	城镇户籍	农村户籍
	(11)	(12)	(13)	(14)	(15)
第一阶段回归					
省级养老保险覆盖率	－0.322** (0.161)	－0.318* (0.176)	－0.402** (0.201)	－0.348*** (0.047)	－0.352* (0.193)
第二阶段回归					
非正规就业	－0.211*** (0.081)	－0.241** (0.120)	－0.139*** (0.011)	－0.181*** (0.053)	－0.124** (0.063)
控制变量	已控制	已控制	已控制	已控制	已控制
观测值	2 017	1 103	914	1 021	996

7.2.5 传导机制分析

由于居民主观公平认知是居民对社会总体公平程度的评价，而党的十八大报告提出的社会公平保障体系主要包括权利公平、机会公平和规则公平，因此，为了分析非正规就业对居民主观公平认知影响的传导机制，本书构造了权利公平认知、机会公平认知和规则公平认知三个变量，进一步分析非正规就业对居民权利公平认知、机会公平认知和规则公平认知的影响。其中根据CGSS（2013）调查问卷中关于这三个变量的问题特点，本书构造的这三个公平认知变量都是二值选择变量。传导机制分析的具体结果见表7－5。

表 7-5 非正规就业与居民主观公平认知：传导机制分析

解释变量	权利公平认知		机会公平认知		规则公平认知	
	回归系数	边际效果（dy/dx）	回归系数	边际效果（dy/dx）	回归系数	边际效果（dy/dx）
	（16）	（17）	（18）	（19）	（20）	（21）
非正规就业	-0.163*** （0.059）	-0.056*** （0.020）	-0.187*** （0.058）	-0.087*** （0.020）	-0.168*** （0.056）	-0.074*** （0.018）
性别（男性=1）	0.023 （0.055）	0.008 （0.019）	-0.029 （0.054）	-0.002 （0.020）	-0.048 （0.052）	-0.027 （0.020）
年龄	0.002 （0.003）	0.001 （0.001）	-0.003 （0.004）	-0.001 （0.001）	-0.004 （0.003）	-0.002 （0.002）
宗教信仰（有=1）	0.012 （0.087）	0.004 （0.029）	0.034 （0.085）	0.010 （0.033）	0.246*** （0.083）	0.120*** （0.017）
政治面貌（党员=1）	0.099** （0.050）	0.034** （0.017）	0.186** （0.077）	0.064** （0.027）	0.188** （0.074）	0.081** （0.039）
户籍状况（城镇=1）	-0.164*** （0.063）	-0.056*** （0.021）	-0.134** （0.062）	-0.046** （0.023）	-0.145** （0.059）	-0.066** （0.034）
受教育年限	-0.016* （0.009）	-0.006* （0.004）	-0.008 （0.009）	-0.003 （0.003）	-0.006 （0.009）	-0.002 （0.004）
健康状况	0.144*** （0.031）	0.051*** （0.010）	0.146*** （0.031）	0.062*** （0.021）	0.081*** （0.029）	0.032*** （0.012）
婚姻状况（已婚=1）	0.273*** （0.065）	0.099*** （0.024）	0.206*** （0.065）	0.094*** （0.014）	0.033 （0.063）	0.011 （0.025）
年收入对数	0.156*** （0.038）	0.056*** （0.014）	0.138*** （0.037）	0.061*** （0.012）	0.126** （0.063）	0.092** （0.045）
周工作时间	-0.004** （0.002）	-0.002** （0.001）	-0.003* （0.002）	-0.002** （0.001）	-0.006** （0.003）	-0.002** （0.001）
观测值	2 017	2 017	2 017	2 017	2 017	2 017

由表7-5得出以下结论：

第一，在控制变量不变的条件下，核心解释变量——非正规就业，对居民权利公平认知、机会公平认知和规则公平认知的影响都在统计意义上显著为负，而且非正规就业对居民机会公平认知的损失最大。这表明，从事非正规就业的居民对社会权利公平、机会公平和规则公平程度的评价都会显著偏低，同时从事非正规就业的居民更倾向抱怨社会机会不公平。边际效果表明，如果居民从事非正规就业，那么认为社会权利公平的居民比例下降5.6%，认为社会机会公平的居民比例下降8.7%，认为社会规则公平的居民比例下降7.4%，其中认为社会机会公平的居民比例下降最大。

第二，从居民个人特征来看，户籍状况变量和受教育年限变量对居民权利公平认知的影响在统计意义上显著为负。一个可能的解释是：农村居民和受教育年限较低的居民的维权意识相对较弱，而城镇居民和受教育年限较高的居民的维权意识相对较强，他们对社会中发生的一些侵权现象比较敏感，因此，城镇居民和受教育年限较高的居民对社会权利公平程度的评价相对较低。性别、年龄、宗教信仰、政治面貌、健康状况和婚姻状况对居民社会权利公平认知的影响为正，除了性别、年龄和宗教信仰系数不显著之外，其他三个变量都在统计意义上显著。性别、年龄、户籍状况和受教育年限对居民社会机会公平认知和居民社会规则公平认知的影响为负。这表明，男性和城镇居民对社会机会公平认知和社会规则公平认知的评价低于女性和农村居民；居民年龄越大，受教育年限越长，居民越抱怨社会机会不公、规则不公。宗教信仰、政治面貌、健康状况和婚姻状况对居民社会机会公平认知和居民社会规则公平认知的影响为正，除了宗教信仰对居民社会机会公平认知影响不显著以及婚姻状况对居民社会规则公平认知影响不显著之外，其他变量都在统计意义上显著为正。

第三，从居民个人收入和工作状况来看，年收入对数对居民社会权利公平认知、居民社会机会公平认知和居民社会规则公平认知的影响都在统计意义上显著为正，周工作时间对居民社会权利公平认知、居民社会机会公平认知和居民社会规则公平认知的影响都在统计意义上显著为负。这表明居民年收入越高，他们对社会公平程度评价越高；居民周工作时间越长，他们对社会公平程度评价越低。显然，如果想提升居民对社会总体公平程度的评价，增加居民收入、缩短居民工作时间是有效的。这进一步支持了表 7－2 和表 7－3 的结论。

7.3 非正规就业的主观幸福感认知效应分析

7.3.1 变量描述

本书的被解释变量为居民主观幸福感（Happiness），被解释变量的取值为 1—5 的整数，分别代表居民主观幸福感依次递增，核心解释变量为非正规就业。由于居民主观幸福感还受到其他因素的影响，本书还引入了控制变量。本书的控制变量包括性别、年龄、宗教信仰、受教育年限、政治面貌、是否拥有住房、健康状况、户籍状况、家庭收入、婚姻状况。为了考察年龄—幸福曲线是否存在 U 形特征，本书加入了年龄的平方项。同时参考马卞京和蔡海静（2014）的做法，本书控制变量中引入了通货膨胀率和收入差距。对于受教育年限变量，本书将小学赋值为 6 年，初中赋值为 9 年，高中赋值为 12 年，大学赋值为16年，研究生及以上赋值为19年；对于是否拥有住房变量，本书将“自己所有、配偶所有、子女所有、父母所有、配偶父母所有、子女父母所有”赋为1，其他赋为0；对于健康状况变量，本书将“很不健康”“比较不健康”“一般”“比较健康”“很健康”依次赋为1—5。本书使用的CPI数据来自《中国统计年鉴2014》，每个省的基尼系数是根据基尼系数的最初定义计算得到的。以上变量的描述性统计结果如表7－6所示。为了更清晰地比较正规就业与非正规就业的主观幸福感认知差异，本书计算出了两类就业群体的认知差异，具体如图7－2所示。

表7－6 变量的描述性统计分析

变量	变量描述	均值	标准差	最小值	最大值
主观幸福感	赋值为1—5，幸福感依次上升	3.775	0.807	1.000	5.000
非正规就业	非正规就业赋值为1，正规就业赋值为0	0.265	0.441	0.000	1.000
性别	男性赋值为1，女性赋值为0	0.521	0.499	0.000	1.000
年龄	（岁）	42.134	10.859	18.000	60.000
年龄平方/100	年龄平方除以100	18.932	9.010	3.240	36.000
宗教信仰	有宗教信仰赋值为1，无则赋值为0	0.091	0.295	0.000	1.000
受教育年限	（年）	10.396	3.768	0.000	19.000
政治面貌	中共党员赋值为1，非党员赋值为0	0.097	0.295	0.000	1.000
是否拥有住房	拥有住房赋值为1，无则赋值为0	0.807	0.395	0.000	1.000
健康状况	赋值为1—5，健康状况依次增强	4.004	0.959	1.000	5.000
户籍状况	城镇户籍赋值为1，非城镇户籍赋值为0	0.463	0.498	0.000	1.000

续表

变量	变量描述	均值	标准差	最小值	最大值
家庭收入	家庭总收入的对数	10.719	0.896	6.908	14.509
婚姻状况	已婚和同居赋值为1，其他赋值为0	0.821	0.383	0.000	1.000
基尼系数	基尼系数（省级）	0.421	0.076	0.220	0.560
通货膨胀率	消费者价格指数CPI（省级）	102.686	0.389	102.200	103.900
省级养老保险覆盖率	参加养老保险职工人数/城镇就业人数	0.597	0.083	0.419	0.705

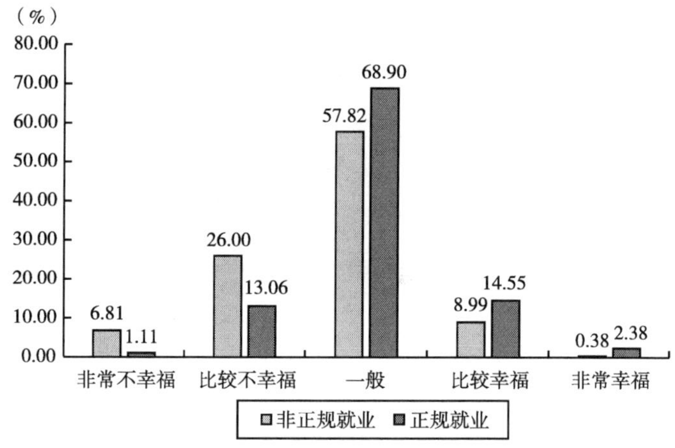

图7-2 正规就业与非正规就业的主观幸福感认知差异

7.3.2 全样本实证结果及分析

本书利用Stata软件对全样本进行有序Probit回归，同时还汇报了各个解释变量取其均值时对居民主观幸福感的边际影响。具体回归结果见表7-7。

表 7－7　非正规就业与居民主观幸福感：全样本回归结果

解释变量	回归系数	边际效果				
		非常不幸福	比较不幸福	说不上幸福不幸福	比较幸福	非常幸福
	(1)	(2)	(3)	(4)	(5)	(6)
非正规就业	-0.054***	0.012**	0.006**	0.010***	-0.016**	-0.044**
	(0.015)	(0.005)	(0.003)	(0.004)	(0.008)	(0.019)
性别	-0.100**	0.002**	0.011**	0.019**	-0.012**	-0.020**
	(0.043)	(0.001)	(0.005)	(0.008)	(0.005)	(0.008)
年龄	-0.079***	0.002***	0.009***	0.015***	-0.010***	-0.016***
	(0.017)	(0.000)	(0.002)	(0.003)	(0.002)	(0.003)
年龄平方/100	0.091***	-0.002***	-0.010***	-0.017***	0.011***	0.018***
	(0.020)	(0.000)	(0.002)	(0.004)	(0.003)	(0.004)
宗教信仰	0.069	-0.001	-0.007	-0.013	0.007	0.014
	(0.073)	(0.001)	(0.007)	(0.014)	(0.007)	(0.015)
受教育年限	0.009	-0.000	-0.001	-0.002	0.001	0.002
	(0.008)	(0.000)	(0.001)	(0.001)	(0.001)	(0.003)
政治面貌	0.203***	-0.003***	-0.020***	-0.038***	0.017***	0.044**
	(0.076)	(0.001)	(0.007)	(0.013)	(0.004)	(0.018)
是否拥有住房	0.186***	-0.004***	-0.022***	-0.035***	0.027***	0.034***
	(0.054)	(0.002)	(0.007)	(0.010)	(0.009)	(0.009)
健康状况	0.224***	-0.005***	-0.025***	-0.041***	0.027***	0.044***
	(0.023)	(0.010)	(0.003)	(0.004)	(0.003)	(0.005)
户籍状况	-0.117**	0.002**	0.013**	0.022**	-0.015**	-0.023**
	(0.052)	(0.001)	(0.006)	(0.009)	(0.007)	(0.010)
家庭收入	0.215***	-0.004***	-0.024***	-0.040***	0.026***	0.043***
	(0.028)	(0.001)	(0.003)	(0.005)	(0.004)	(0.006)
婚姻状况	0.392***	-0.011***	-0.051***	-0.073***	0.068***	0.067***
	(0.068)	(0.003)	(0.010)	(0.012)	(0.015)	(0.009)

续表

解释变量	回归系数	边际效果				
		非常不幸福	比较不幸福	说不上幸福不幸福	比较幸福	非常幸福
	(1)	(2)	(3)	(4)	(5)	(6)
基尼系数	0.537* (0.306)	-0.011* (0.006)	-0.059* (0.034)	-0.101* (0.057)	0.065* (0.037)	0.106* (0.060)
通货膨胀率	-0.077 (0.058)	0.002 (0.002)	0.009 (0.006)	0.015 (0.011)	-0.009 (0.007)	-0.015 (0.011)
观测值	2 878	2 878	2 878	2 878	2 878	2 878

注：括号内数值为标准误差；***、**、*分别表示在1%、5%和10%水平上显著。下同。

由表7-7得出以下结论：第一，在控制变量不变的条件下，核心解释变量“非正规就业”对居民主观幸福感的影响在1%统计意义上显著为负。这表明，非正规就业是影响居民主观幸福感的重要因素。如果居民从事非正规就业，那么他们的主观幸福感会显著降低。详细来说，如果居民从事非正规就业，将会使居民感觉“非常不幸福”“比较不幸福”“说不上幸福不幸福”的概率分别上升1.2%、0.6%、1.0%，同时让居民感觉“比较幸福”“非常幸福”的概率分别下降1.6%和4.4%。因此，为了提高中国居民主观幸福感，降低非正规就业给居民带来的主观幸福感损失，需要进一步健全和完善劳动力市场。

第二，控制变量中的性别、年龄、宗教信仰、政治面貌、是否拥有住房、健康状况、户籍状况、家庭收入、婚姻状况以及通货膨胀率估计结果与已有文献的结论是一致的。即，与女性相比，男性的主观幸福感相对更低；年龄与居民主观幸福感有着显著的U形关系，在一定的年龄拐点之前，年龄与居民幸福感负相关，而在超过年龄拐点之后，两者变成正相关；有宗教信仰的人比没有宗教信仰的人主观幸福感更高；相比非中共党员，中共党员的政治身份能够显著提升居民主观幸福感；相比没有住房的人，拥有住房的居民主观幸福感更高；居民健康状况对居民幸福感的影响在1%统计意义上显著，表明健康的身体是提升居民主观幸福感的重要因素；同样家庭状况，收入越高，居民主观幸福感越高；相比未婚者，已婚者的主观幸福感更强。此外，通货膨胀率的系数为负，表明通货膨胀率也是影响居民主观幸福感的重要因素，较高的通货膨胀率会降低居民的实际收入，进而降低了居民主观幸福感。

第三，对于控制变量中的受教育年限变量的估计结果与已有文献估计结果符号相同，但统计意义上不再显著。何立新和潘春阳（2011）利用CGSS（2005）和CEIC（2005）数据对居民幸福感进行考察，发现受教育年限显著提高居民主观幸福感。还有很多学者得到相同的结论，他们给出的解释基本一致，即高学历会带来更多的机遇、更好的社会地位以及更高的收入，这显然会提高居民主观幸福感。然而本书的回归结果表明，虽然受教育年限与居民主观幸福感呈现正相关关系，但是在统计意义上并不显著。一个可能的解释是：随着高等教育体制改革和高校扩招，高校毕业生人数急剧增加，高校毕业生的就业压力越来越大。吴要武和赵泉（2010）利用双差分模型及其扩展形式评估了1999年以来高校扩招政策对大学生劳动力市场表现的影响，发现尽管这个时期经济增长迅速，就业机会增多，但大学毕业生的劳动参与率下降，失业率上升，这显然会降低居民主观幸福感。因此，受教育年限与居民主观幸福感并非一定呈现显著的正相关关系。基尼系数与居民主观幸福感在10%统计意义上显著为正，这表明收入差距的扩大能提高居民的主观幸福感，这与已有文献得出的结论一致。他们给出的解释是：收入差距能够给人们带来乐观的收入预期，从而提高了居民主观幸福感。

7.3.3 稳健性检验

表7－7中的回归结果表明，非正规就业能显著降低居民主观幸福感。但是，非正规就业和居民主观幸福感之间可能存在内生性问题，即幸福感越低的人从事非正规就业的可能性越大。非正规就业与居民主观幸福感之间的这种反向的因果关系，将会使非正规就业成为居民主观幸福感决定方程中的内生解释变量，此时，极大似然估计得到的有序 Probit 回归系数就不具有一致性。为了解决回归方程中的内生性偏误，本书需要寻找有效工具变量，以检验表7－7中的结果是否稳健。本书利用省级养老保险覆盖率作为非正规就业的工具变量，主要原因是养老保险覆盖率越高的地方，劳动保护执行情况越好，劳动者从事非正规就业的可能性越小（王海成和郭敏，2015）。过度识别检验的P值为0.712，故接受原假设，认为工具变量为外生的，与扰动项不相关。同时第一阶段回归的F统计量为124.012，远远超过了经验切割点10，这表明工具变量不是非正规就业的弱工具变量。工具变量具体回归结果见表7－8。

表7－8 非正规就业与居民主观幸福感：工具变量回归结果

解释变量	回归系数	解释变量	回归系数
第一阶段回归			
省级养老保险覆盖率	－0.470*** (0.091)		
第二阶段回归			
非正规就业	－0.082** (0.036)	健康状况	0.155*** (0.018)

续表

解释变量	回归系数	解释变量	回归系数
性别	-0.066** (0.029)	户籍状况	-0.079** (0.035)
年龄	-0.056*** (0.012)	家庭收入	0.160*** (0.020)
年龄平方/100	0.063*** (0.014)	婚姻状况	0.299*** (0.054)
宗教信仰	0.033 (0.051)	基尼系数	0.284 (0.204)
受教育年限	0.005 (0.005)	通货膨胀率	-0.031 (0.039)
政治面貌	0.144*** (0.045)		
是否拥有住房	0.132*** (0.038)	观测值	2 878

表7-8汇报了工具变量回归结果。第二阶段结果显示，非正规就业的回归系数在5%统计意义上显著为负，这表明非正规就业是影响居民主观幸福感的重要因素。如果居民从事非正规就业，那么他们的主观幸福感会显著降低，支持了表7-7的结论。同时其他变量的回归系数符号与表7-7结果也是一致的，这里不再详细叙述。

7.3.4 分样本实证结果及分析

前文的分析是将所有的样本放在一起进行的有序Probit回归分析，因此得到的结论是非正规就业对所有居民主观幸福感的一个平均效应。接下来，本书按照性别和地区将全样本分为男性样本和女性样本，东部地区、中部地区和西部地区，进一步分析非正规就业对不同群体居民主观幸福感影响是否存在差异。

分样本具体回归结果见表 7 -9。

表 7 -9　非正规就业与居民主观幸福感：分样本回归结果

解释变量	性别		地区		
	男性	女性	东部	中部	西部
	(7)	(8)	(9)	(10)	(11)
非正规就业	-0.033 **	-0.064 ***	-0.086 ***	-0.080 **	-0.071 **
	(0.017)	(0.014)	(0.021)	(0.040)	(0.034)
性别	—	—	-0.211 ***	-0.069 ***	0.041 **
	—	—	(0.064)	(0.028)	(0.020)
年龄	-0.079 ***	-0.085 ***	-0.085 ***	-0.065 **	-0.095 ***
	(0.023)	(0.025)	(0.026)	(0.032)	(0.031)
年龄平方/100	0.088 ***	0.098 ***	0.091 ***	0.079 **	0.116 ***
	(0.027)	(0.029)	(0.031)	(0.037)	(0.037)
宗教信仰	0.021	0.037	0.027	-0.130	0.120 ***
	(0.108)	(0.098)	(0.115)	(0.145)	(0.001)
受教育年限	0.010	0.013 **	0.008	0.024 *	0.007 **
	(0.011)	(0.006)	(0.012)	(0.013)	(0.003)
政治面貌	0.249 ***	0.132	0.176 ***	0.311 **	0.105
	(0.093)	(0.136)	(0.069)	(0.152)	(0.156)
是否拥有住房	0.265 ***	0.132	0.185 **	0.287 ***	0.162
	(0.071)	(0.080)	(0.079)	(0.111)	(0.106)
健康状况	0.235 ***	0.206 ***	0.219 ***	0.276 ***	0.213 ***
	(0.032)	(0.033)	(0.038)	(0.042)	(0.041)
户籍状况	-0.200 ***	-0.015	0.174 **	-0.048	-0.089
	(0.071)	(0.076)	(0.081)	(0.094)	(0.106)
家庭收入	0.226 ***	0.203 ***	0.211 ***	0.205 ***	0.184 ***
	(0.037)	(0.041)	(0.045)	(0.050)	(0.053)

续表

解释变量	性别		地区		
	男性	女性	东部	中部	西部
	(7)	(8)	(9)	(10)	(11)
婚姻状况	0.429***	0.352***	0.343***	0.288**	0.601***
	(0.091)	(0.102)	(0.098)	(0.139)	(0.130)
基尼系数	1.072***	-0.246**	1.017*	-0.436	-0.299
	(0.412)	(0.123)	(0.535)	(0.809)	(1.075)
通货膨胀率	-0.081	-0.082	-0.188*	-0.370**	-0.256**
	(0.080)	(0.083)	(0.101)	(0.148)	(0.128)
观测值	1 499	1 379	1 239	886	753

由性别分样本回归结果可知，非正规就业对男性和女性主观幸福感的影响分别在5%和1%统计意义上显著为负，这表明无论是男性还是女性，非正规就业都会显著降低居民主观幸福感，而且非正规就业对女性主观幸福感的损失更大。对于年龄变量而言，无论是男性还是女性，年龄与居民主观幸福感存在显著的U形关系：在一定的年龄拐点之前，随着年龄的增长，居民主观幸福感降低；在超过年龄拐点之后，年龄与居民主观幸福感存在正相关关系。同等条件下女性信仰宗教对主观幸福感的提升大于男性。受教育年限变量对女性主观幸福感的影响在5%统计意义上显著为正，而对男性主观幸福感影响虽然为正，但在统计意义上不显著，一个可能的解释是：劳动力市场上存在的性别歧视现象降低了女性主观幸福感，而女性提升自己的受教育年限，在一定程度上可以降低歧视带来的主观幸福感损失。对于男性而言，如果自身政治面貌为中共党员，那么会显著提升自身主观幸福感，而政治面貌对女性主观幸福感的影响却不显著。相比女性而言，男性拥有住房对自身主观幸福

感的影响显著大于女性，其主要原因是男女结婚时男性负责买房，随着房价上升，男性买房压力更大；如果自身拥有住房，那么会显著提升他们的主观幸福感。无论是男性还是女性，拥有良好的健康状况，提升家庭收入和拥有配偶都会显著提升居民主观幸福感，而且对男性的影响大于女性。城镇户籍和通货膨胀率对男性和女性的主观幸福感都有负面影响。收入差距对男性主观幸福感影响显著为正，一个可能的解释是：收入差距能够给男性带来乐观的收入预期，从而提高了主观幸福感，而收入差距在5%统计意义上显著降低了女性主观幸福感，这表明收入差距对女性主观幸福感造成的损失更大。

由地区分样本回归结果可知，非正规就业对东部、中部和西部地区居民主观幸福感的影响分别在1%、5%和5%统计意义上显著为负，这表明无论是东部地区还是中部、西部地区，非正规就业都会显著降低居民主观幸福感，而且由西部到东部，非正规就业对居民主观幸福感的损失依次递增，这与地区经济发展程度相关，地区经济越发达，从事非正规就业给居民主观幸福感带来的损失越大，其中最可能的原因是在经济发达的地方，物价水平相对较高，而从事非正规就业工资水平相对较低，生活的压力对居民主观幸福感损失较大，这也是与中部、西部地区相比，东部地区男性主观幸福感最低的原因之一。对于年龄变量而言，无论是东部地区还是中部、西部地区，年龄与居民主观幸福感存在显著的U形关系。宗教信仰变量对东部和中部地区居民主观幸福感影响不显著，而对西部地区居民主观幸福感在1%统计意义上显著为正，这表明信仰宗教能显著提升西部地区居民的主观幸福感。受教育年限变量对中部、西部地区居民主观幸福感影响显著为正，增加受教育年限能显著提升中部、西部居民主观幸福感。政治面貌变量对东部和中部地区居民主观幸福感影响显著为正，对东部和中部地区居民而言，中共党员的主观幸福感相对较高。无论是东部地区还是中西部地区，拥有住房，拥有良好的身体健康状况，拥有配偶并且家庭收入乐观，都能显著提升居民主观幸福感。对于通货膨胀率变量而言，物价上升对东部以及中部、西部地区居民主观幸福感影响都显著为负，因此，为了提高中国居民主观幸福感，中央和地方政府应该努力将物价总水平控制在合理范围之内，降低物价总水平上升对居民主观幸福感带来的损失。

7.4 本章小结

本书基于 CGSS（2013）数据，从主观公平认知和主观幸福感角度出发，分析非正规就业影响居民社会融入的另一个重要传导渠道，即非正规就业的认知效应。

对于非正规就业的主观公平认知效应，本书首先利用有序 Probit 模型定量检验了非正规就业对居民主观公平认知的影响；其次按照性别和户籍状况将全样本分为男性样本和女性样本、城镇户籍样本和农村户籍样本，进一步分析了非正规就业对不同群体居民主观公平认知的影响是否存在差异；最后从权利公平认知、机会公平认知和规则公平认知三个子维度考察了非正规就业影响居民主观公平认知的传导机制。本书研究发现了以下四条结论：

第一，非正规就业显著降低了居民主观公平认知。从居民个人特征来看，已婚者对社会公平程度的评价高于未婚者；年龄较大的居民、有宗教信仰的居民、中共党员以及身体健康的居民对社会公平程度的评价相对更高。从居民工作状况来看，个人年收入越高的居民，对社会总体公平程度的评价越高；年收入越低的居民以及周工作时间越长的居民，越倾向抱怨社会不公平。

第二，非正规就业对男性和城镇居民主观公平认知造成的损失大于对女性和农村居民。从居民个人特征和工作状况来看，无论是男性居民还是女性居民，也无论是城镇居民还是农村居民，年龄、宗教信仰、政治面貌、健康状况、婚姻状况和年收入对数对居民主观公平认知的影响为正，而周工作时间显著降低了居民社会总体公平认知。

第三，稳健性检验结果显示，无论是全样本还是分样本，非正规就业对居民主观公平认知的影响都在统计意义上显著为负。即如果居民从事非正规就业，那么会显著降低他们对社会公平程度的评价。传导机制分析结果显示，非正规就业通过降低居民权利公平认知、居民机会公平认知以及居民规则公平认知，进一步降低了居民对社会总体公平程度的认知，而且非正规就业对居民机会公平认知的损失最大，从事非正规就业的居民更会倾向于抱怨社会机会不公平。

第四，从传导机制分析来看，性别、年龄、户籍状况和受教育年限对居民社会机会公平认知和居民社会规则公平认知的影响为负，这表明男性和城镇居民对社会机会公平认知和社会规则公平认知的评价低于女性和农村居民；居民年龄越大，受教育年限越长，居民越抱怨社会机会不公平和规则不公平。从居民个人收入和工作状况来看，年收入对数对居民社会权利公平认知、机会公平认知和规则公平认知的影响都显著为正，周工作时间对以上三者公平认知均显著为负。

对于非正规就业的主观幸福感认知效应，本书首先使用中国综合社会调查数据定量检验了非正规就业对居民主观幸福感的影响；其次按照性别和地区将全样本分为男性样本、女性样本，以及东部地区、中部地区和西部地区，进一步分析了非正规就业对不同群体居民主观幸福感影响是否存在差异。研究发现了以下三条结论：

第一，全样本回归结果显示，非正规就业对居民主观幸福感的影响在统计意义上显著为负。这表明非正规就业是影响居民主观幸福感的重要因素。如果居民从事非正规就业，那么他们的主观幸福感会显著降低。工具变量回归结果同样显示非正规就业显著降低了居民主观幸福感。

第二，性别分样本回归结果显示，非正规就业对男性和女性居民的主观幸福感影响都在统计意义上显著为负，而且非正规就业对女性居民主观幸福感造成的损失更大。这在一定程度上揭示了非正规就业市场上存在更为严重的性别歧视现象。相比女性而言，男性拥有住房对自身主观幸福感的影响显著大于女性。

第三，地区分样本回归结果显示，无论是东部地区还是中西部地区，非正规就业都会显著降低居民主观幸福感，而且由西到东，非正规就业对居民主观幸福感造成的损失依次递增。通货膨胀率上升，对所有地区居民主观幸福感造成的损失都会显著增加。此外，受教育年限变量对女性和中西部地区居民主观幸福感的影响显著为正。这表明增加受教育年限是提升女性和中西部地区居民主观幸福感的重要途径之一。

因此，为了提升居民对社会总体公平程度的评价，降低非正规就业给居民主观公平认知带来的损失，培育居民健康的社会心理，促进社会和谐安宁，应该重点考虑以下几个方面：首先，中央和地方政府应消除城乡、行业、身份和性别等一切影响平等就业的制度障碍和就业歧视，努力促进劳动力市场健全和完善，增加职工就业的稳定性，为从事非正规就业的劳动者营造良好的就业环境，构建和谐的劳动关系。其次，地方政府应努力创造条件，提高工人和农民的收入水平，同时处理好效率和公平的关系，再分配应该更加注重公平；同时，劳动和社会保障部门要进一步规范非正规就业者的工作时间，限制非法超长时间工作，切实保障非正规就业者等弱势群体的合法权益。最后，企业等用人单位应进一步保障进城农民工该有的福利待遇，给予他们更多表达心声的权利，如建立代表劳动者权益的工会组织，并使其真正发挥工会的职能，让更多的农民工有权利、有机会、有途径反映自己的诉求。总之，通过确保以上建议的有效实施，努力提升中国居民主观公平认知，不断增强社会凝聚力，创造一个机会均等、公平竞争的社会环境，则能为实现“中国梦”奠定健康的社会心理动力源。

为了提高中国居民主观幸福感，降低非正规就业对中国居民主观幸福感造成的损失，中央和地方政府应该努力做好以下几点：首先，健全政府促进就业责任制度，消除城乡、行业和性别等一切影响平等就业的制度障碍和就业歧视，努力促进劳动力市场得到进一步完善，为从事非正规就业的劳动者营造良好的就业环境。其次，中央和地方政府应该将保持物价总水平的稳定作为经济发展的一件大事，努力将物价总水平控制在合理范围之内，降低物价水平上升对中国居民主观幸福感造成的损失。最后，抓好教育公平，提升中西部地区教师队伍整体素质，精准帮扶困难群体，全面提升女性和中西部地区教育质量。总之，要努力提升中国居民主观幸福感，让广大中国居民过上更美好的生活，共享经济繁荣的胜利成果。

8 研究结论、政策启示与研究展望

8.1 研究结论

本书利用 2016 年中国劳动力动态调查（CLDS）数据和 2006—2015 年中国综合社会调查（CGSS）数据系统研究了非正规就业对居民社会融入的影响及其传导效应，得出了以下主要结论：

构建的居民社会融入程度评价指标体系显示，影响居民社会融入的一级指标共有 8 个，其中影响最大的一级指标为就业状况，权重为 0.150。这表明就业状况对居民社会融入的影响不可小觑：如果就业质量相对较差，显然会降低居民社会融入程度。此外，社区参与对居民社会融入的影响排在第二位，权重为 0.146；人力资本因素的影响排在三位，权重为 0.139；朋友交往因素的影响排在第四位，权重为 0.128；主观认知因素的影响排在第五位，权重为 0.120；社会保障因素的影响排在第六位，权重为 0.118；户籍状况因素的影响排在第七位，权重为 0.100；排在第八位的是社会地位。

非正规就业对居民社会融入影响的实证分析显示，如果居民从事非正规就业，那么居民的社会融入程度会显著降低。OLS回归结果显示，非正规就业对居民社会融入的影响在1%统计意义上显著为负；分位数回归结果显示，在所有分位点上，非正规就业对居民社会融入的影响同样在1%统计意义上显著为负，而且呈现U形特征，即在居民社会融入程度的第50个分位点之前，非正规就业对居民社会融入程度造成的损失逐渐增加，而第50个分位点之后，影响程度逐渐减弱。这表明非正规就业是影响居民社会融入的重要因素，而且对居民社会融入程度影响存在分位点效应。

性别分样本回归结果显示，在居民社会融入所有分位点上，无论是男性还是女性，非正规就业对居民社会融入都具有显著负向效应。同时在居民社会融入程度的所有分位点上，非正规就业对女性居民社会融入程度造成的损失显著大于男性居民。地区分样本回归结果显示，非正规就业对东部地区、中部地区和西部地区居民社会融入影响同样存在分位点效应。其中随着居民社会融入程度分位点的提高，非正规就业对东部地区和中部地区居民社会融入影响的负向效应呈现下降趋势；非正规就业对西部地区居民社会融入的影响呈现倒U形特征，即在居民社会融入程度的第25个分位点处，非正规就业对居民社会融入程度的负向影响大于第50个分位点，而在居民社会融入程度的第50个分位点处，非正规就业对居民社会融入程度的负向影响小于第75个分位点。

由于就业状况、人力资本和主观认知在居民社会融入程度评价指标体系中占的权重较大，故非正规就业通过影响就业状况、人力资本和主观认知会进一步影响居民社会融入程度。工资水平、健康状况、主观公平认知和主观幸福感认知分别反映了就业状况、人力资本和主观认知，因此本书继续分析了非正规就业的工资效应、健康效应和认知效应。传导效应分析结果显示：

非正规就业降低了工资水平。无论是正规就业还是非正规就业，学历变量都在1%统计意义上显著为正，这表明增加受教育年限对正规就业者和非正规就业者的工资水平都具有显著的提升作用，同时正规就业的教育收益率高于非正规就业。此外，两种就业方式的教育收益率随分位数由低到高呈现先升后降的趋势。非正规就业的经验收益率高于正规就业。相比正规就业，非正规就业性别歧视更为严重，同时随着工资分位数水平由低到高性别歧视程度越来越强，这也在一定程度上揭示了高薪阶层中女性占比相对较小的原因。此外，无论是正规就业还是非正规就业都存在一定程度上的户籍歧视现象。分位数分解结果表明，随着工资分位数水平的上升，特征差异对工资总差异的解释能力越来越强，而系数差异的解释能力越来越弱。同时，随着工资分位数水平的上升，工资差异逐渐缩小，符合“黏地板效应”，而不是“天花板效应”，这表明中国正规就业与非正规就业工资差异主要是由工资分布低分位数水平上的差异造成的。正规就业与异质性的非正规就业工资差异分解结果表明，在代表性分位数上，正规就业与非正规受雇者工资差异最大，而正规就业与自我经营者工资差异相对较小，且低收入水平上，正规就业与非正规受雇者之间的工资差异是最大的。此外，正规就业与自我经营者和非正规受雇者的工资差异均符合“黏地板效应”。

非正规就业恶化了健康状况。非正规就业对居民健康状况的影响在1%统计意义上显著为负。这表明，非正规就业是影响居民健康状况的重要因素。如果居民从事非正规就业，那么他们的健康状况会显著降低。分样本回归结果显示，非正规就业对居民健康状况的影响具有异质性，其中非正规就业对男性居民、女性居民、室内工作者和户外工作者健康状况的影响在统计意义上显著为负，但是非正规就业对女性居民健康状况造成的损害大于男性，对户外工作者健康状况造成的损害大于室内工作者。非正规就业对东部地区居民以及中西部地区居民健康状况的影响也是显著为负的，而且由东到西非正规就业对居民健康造成的损害逐渐增大。年龄与健康状况呈现显著的倒 U 形关系，即在一定的年龄拐点之前，居民健康状况随着年龄的增加而变好，在超过年龄拐点之后，居民健康状况随着年龄增加而变差。周工作时间、体力劳动程度、工作场所以及吸烟喝酒显著降低了居民健康状况，而且对女性居民和户外工作者的健康损失更大。安全的工作、良好的工作环境以及较高的收入会显著提升居民健康状况。受教育年限变量对女性居民健康状况影响是显著的，而且大于对男性居民健康状况的影响，同时受教育年限变量对西部地区居民健康状况的影响大于东部和中部地区居民，这表明女性居民和西部地区居民增加自身受教育年限可以显著提升健康状况。以 BMI 指标和躯体疼痛作为健康的代理指标，非正规就业在 1% 统计意义上显著降低了居民的健康状况，同时也在 1% 统计意义上显著增加了居民躯体疼痛的概率，这表明与正规就业相比，非正规就业偏胖或偏瘦的概率和身体疼痛影响工作的概率更大。对于工伤变量作为健康的代理指标，非正规就业会增加发生工伤的概率，这一结果在统计意义上却不显著。

非正规就业降低了居民主观公平认知。从居民个人特征来看，已婚者对社会公平程度的评价高于未婚者；年龄较大的居民、有宗教信仰的居民、中共党员以及身体健康的居民对社会公平程度的评价相对更高。从居民工作状况来看，个人年收入越高的居民，对社会总体公平程度的评价越高，而年收入越低的居民以及周工作时间越长的居民，越倾向抱怨社会不公平。非正规就业对男性和城镇居民主观公平认知造成的损失大于女性和农村居民。从居民个人特征和工作状况来看，无论是男性居民还是女性居民，也无论是城镇居民还是农村居民，年龄、宗教信仰、政治面貌、健康状况、婚姻状况和年收入对数对居民主观公平认知的影响为正，而周工作时间显著降低了居民社会总体公平认知。稳健性检验结果显示，无论是全样本还是分样本，非正规就业对居民主观公平认知的影响都在统计意义上显著为负。即如果居民从事非正规就业，那么会显著降低他们对社会公平程度的评价。传导机制分析结果显示，非正规就业通过降低居民权利公平认知、居民机会公平认知以及居民规则公平认知，进一步降低了居民对社会总体公平程度的认知，而且非正规就业对居民机会公平认知的损失最大，从事非正规就业的居民更会倾向于抱怨社会机会不公平。性别、年龄、户籍状况和受教育年限对居民社会机会公平认知和居民社会规则公平认知的影响为负，表明男性和城镇居民对社会机会公平认知和社会规则公平认知的评价低于女性和农村居民；居民年龄越大，受教育年限越长，居民越抱怨社会机会不公平，规则不公平。从居民个人收入和工作状况来看，年收入对数对居民社会权利公平认知、机会公平认知和规则公平认知的影响都显著为正，周工作时间对以上三者公平认知均显著为负。

非正规就业降低了居民主观幸福感认知。全样本回归结果显示，非正规就业对居民主观幸福感的影响在统计意义上显著为负。这表明，非正规就业是影响居民主观幸福感的重要因素。如果居民从事非正规就业，那么他们的主观幸福感会显著降低。工具变量回归结果同样显示，非正规就业显著降低了居民主观幸福感。性别分样本回归结果显示，非正规就业对男性和女性居民的主观幸福感影响都在统计意义上显著为负，而且非正规就业对女性居民主观幸福感造成的损失更大。这在一定程度上揭示了非正规就业市场上存在更为严重的性别歧视现象。相比女性而言，男性拥有住房对自身主观幸福感的影响显著大于女性。地区分样本回归结果显示，无论是东部地区还是中西部地区，非正规就业都会显著降低居民主观幸福感，而且由西到东，非正规就业对居民主观幸福感造成的损失依次递增。通货膨胀率上升，对所有地区居民主观幸福感造成的损失都会显著增加。此外，受教育年限变量对女性和中西部地区居民主观幸福感的影响显著为正。这表明，增加受教育年限是提升女性和中西部地区居民主观幸福感的重要途径之一。

由以上分析可知，非正规就业对居民的社会融入程度具有显著的负向效应，且传导效应分析显示，非正规就业降低了居民的工资水平，恶化了健康状况，同时对居民主观公平认知和主观幸福感认知也具有显著负向影响。

8.2 政策启示

针对前文的研究结论，本书给出政策启示如下：

为了提升居民社会融入程度，降低非正规就业给居民社会融入程度带来的损失，促进社会和谐安宁，中央和地方政府应该重点考虑以下几个方面：一是消除城乡、行业、身份和性别等影响平等就业的制度障碍和就业歧视，努力健全和完善劳动力市场，为从事非正规就业的劳动者营造良好的就业环境。二是提高非正规就业者收入水平，缩短非正规就业者的劳动时间，丰富他们的社会文化活动，促进文化交流。三是提升非正规就业者的福利待遇，进一步扩大医疗保险覆盖面，让更多的非正规就业者享受到医疗服务。

由于受教育年限是影响员工工资水平的重要因素，而非正规就业的平均受教育年限和教育收益率都明显低于正规就业，所以为了缩小正规就业和非正规就业这两种就业方式的工资差异，提高非正规就业者的工资水平，中央和地方政府要重点关注非正规就业人群的教育问题，提升非正规就业人员的教育水平，提高他们的教育质量。

基于非正规就业的异质性，相关收入分配政策制定者应重点关注工资分布低分位数水平上的非正规受雇者面临的就业问题，通过提高“最低工资标准”等相关政策，对非正规受雇者提供必要的权益保护和社会保障。对于自我经营者，相关政府部门可以出台对个体工商户等小微企业的扶持政策，提高他们的税收优惠标准，为小微企业的生存发展提供优良的环境。增加自我经营者和非正规受雇者接受教育和职业培训的渠道，提高他们的人力资本水平，缩小正规就业与非正规就业的人力资本回报率差异。努力提高非正规就业者的收入水平，进一步缩小中国居民收入分配差距。

对于从事非正规就业的居民，企业部门应该努力提高他们的工作安全性，降低不安全事故发生率。同时，政府部门应对中西部地区加大投资力度，促进资源的合理配置，重点保障中西部贫困地区居民也能享受基本医疗保险和养老保险。努力缩小正规就业与非正规就业健康差异，提高中国居民总体健康资本水平，让广大劳动者拥有更健康的身体，过上更美好的生活。

中央和地方政府在努力创造条件提高非正规就业者的收入水平的同时，应处理好效率和公平的关系，再分配应该更加注重公平；劳动和社会保障部门要进一步规范非正规就业者的工作时间，限制非法超长时间工作，切实保障非正规就业者等弱势群体的合法权益。企业等用人单位进一步保障进城农民工应有的福利待遇，给予他们更多表达心声的权利，如建立代表劳动者权益的工会组织，并使其真正发挥工会的职能，让更多的农民工有权利、有机会、有途径反映自己的诉求。

中央和地方政府应该努力保持物价总水平的稳定，努力将物价总水平控制在合理范围之内，降低物价水平上升对中国居民主观幸福感造成的损失。同时，抓好教育公平，提升中西部地区教师队伍整体素质，精准帮扶困难群体，全面提升女性和中西部地区教育质量。

总之，通过确保以上建议的有效实施，努力提升非正规就业者的工资水平，保障他们的健康状况，提升他们的社会公平认知和主观幸福感，从而进一步提升他们的社会融入程度，为中国经济的可持续发展，并最终实现中国梦奠定坚实的基石。

8.3 研究展望

本书利用2016年中国劳动力动态调查数据和2006—2015年中国综合社会调查数据，构建了居民社会融入程度评价指标体系，实证分析了非正规就业对居民社会融入的影响，并从工资水平、健康状况和主观认知三个层面探究了非正规就业对居民社会融入影响的传导效应。但仍然存在一些局限性：

其一，目前关于社会融入的定义没有统一，不同的学者对社会融入的定义不同。本书在构建社会融入程度评价指标体系时，由于部分变量的可得性，如性格特征变量，没有纳入指标体系。

其二，本书仅从工资水平、健康状况、主观认知三个角度，分析了非正规就业对居民社会融入影响的传导效应。然而，社会融入是一个综合性概念，影响居民社会融入的因素有很多，本书仅仅实证检验了其中的三个因素。

其三，由于部分变量在调查问卷中没有持续追踪，书中多数章节采用的是截面数据，只有第 5 章“非正规就业的工资效应”采用的是混合截面数据，时间变化对回归结果的影响，有待进一步验证。

因此，今后研究者可以更加细致地探究非正规就业对居民社会融入影响的传导效应，同时引入混合截面数据，进一步扩大样本容量，尝试比较不同微观调研数据的回归结果是否存在差异，从而得到更多符合国情的有价值的研究结论。

参考文献

一、中文部分

[1] 艾斌等. 老年人社会经济地位影响健康的作用机制——基于沈阳市城市老年人9年追踪调查数据 [J]. 人口与经济, 2012 (2): 48-56.

[2] 闭伟宁, 张桂凤. 从社会交往特点看农民工社会融入的困境与出路——基于广西南宁市西乡塘区的调查 [J]. 中南民族大学学报 (人文社会科学版), 2018 (2): 116-120.

[3] 蔡昉, 王美艳. 非正规就业与劳动力市场发育——解读中国城镇就业增长 [J]. 经济学动态, 2004 (2): 24-28.

[4] 才国伟, 刘剑雄. 归因、自主权与工作满意度 [J]. 管理世界, 2013 (1): 133-142.

[5] 曹大宇. 阶层分化、社会地位与主观幸福感的实证考量 [J]. 统计与决策, 2009 (10): 89-91.

[6] 常进雄, 王丹枫. 我国城镇正规就业与非正规就业的工资差异 [J]. 数量经济技术经济研究, 2010 (9): 94-106.

[7] 陈淮. 非正规就业: 战略与政策 [J]. 宏观经济研究, 2001 (2): 13-16.

[8] 陈云松, 张翼. 城镇化的不平等效应与社会融合 [J]. 中国社会科学, 2015 (6): 78-95.

[9] 崔岩. 流动人口心理层面的社会融入和身份认同问题

研究［J］. 社会学研究，2012（5）：141－160.

［10］程令国，张晔，沈可. 教育如何影响了人们的健康——来自中国老年人的证据［J］. 经济学（季刊），2014（1）：305－330.

［11］党夏宁. 我国的农业劳动力配置与农村经济发展［J］. 西安交通大学学报（社会科学版），2010（3）：29－35.

［12］丁述磊. 正规就业与非正规就业工资差异的实证研究——分位数回归的视角［J］. 财经论丛，2017（4）：3－10.

［13］都阳，万广华. 城市劳动力市场上的非正规就业及其在减贫中的作用［J］. 经济学动态，2014（9）：88－97.

［14］甘春华. 城乡劳动力市场一体化模式的国际比较与歧视［J］. 改革与战略，2010（3）：159－163.

［15］顾梦蛟，程名望，史清华. 农民工城镇就业满意度及其影响因素的实证分析——以上海1446份农民工调查样本为例［J］. 上海经济研究，2013（12）：63－71.

［16］关信平. 论权利公平基础上的非户籍人口服务于管理［J］. 西北师大学报（社会科学版），2015（3）：5－10.

［17］韩俊强. 农民工住房与城市融合——来自武汉市的调查［J］. 中国人口科学，2013（2）：118－125.

［18］何军. 代际差异视角下农民工城市融入的影响因素分析——基于分位数回归方法［J］. 中国农村经济，2011（6）：15－25.

［19］何立新，潘春阳. 破解中国的“Easterlin”悖论：收入差距、机会不均与居民幸福感［J］. 管理世界，2011（8）：11－21.

［20］胡鞍钢，马伟. 现代中国经济社会转型：从二元结构到四元结构（1949－2009）［J］. 清华大学学报（哲学社会科学版），2012（1）：16－29.

[21] 胡鞍钢，杨韵新．就业模式转变：从正规化到非正规化——我国城镇非正规就业状况分析［J］．管理世界，2001（2）：69－78.

[22] 胡安宁．教育能否让我们更健康——基于2010年中国综合社会调查的城乡比较分析［J］．中国社会科学，2014（5）：116－130.

[23] 胡荣、陈斯诗．影响农民工精神健康的社会因素分析［J］．社会，2012（6）：135－157.

[24] 胡学勤．劳动经济学［M］．北京：高等教育出版社，2011. 128－129.

[25] 黄耿志，薛得升，张虹鸥．中国城市非正规就业的发展特征与城市化效应［J］．地理研究，2016（3）：442－454.

[26] 黄苏萍，王雅林，朱咏．我国东北地区非正规就业与经济增长关系研究［J］．中国软科学，2009（10）：119－123.

[27] 贾康，张晓云．我国住房保障模式选择与政策优化：政府如何权衡“倒U曲线”演变中的机会公平与结果均平［J］．财政研究，2012（7）：2－15.

[28] 姜明安．行政法与行政诉讼法［M］．北京．北京大学出版社，2012.

[29] 焦开山．健康不平等因素研究［J］．社会学研究，2012（5）：24－46.

[30] 李建新，李春华．城乡老年人口健康差异研究［J］．人口学刊，2014（5）：37－47.

[31] 李君安．晋升与企业员工幸福感关系研究［J］．企业经济，2014（10）：85－89.

[32] 李路路，唐丽娜，秦广强．“患不均，更患不公”——转型期的公平感和冲突感［J］．中国人民大学学报，2012（4）：

80－90.

［33］李培林，李炜．近年来农民工的经济状况和社会态度［J］．中国社会科学，2010（1）：119－131.

［34］李培林，田丰．中国农民工社会融入的代际比较［J］．社会，2012（5）：1－24.

［35］李强，林勇．劳动力市场学［M］．北京：中国劳动社会保障出版社，2006：137－139.

［36］李强，龙文进．农民工留城与返乡意愿的影响因素分析［J］．中国农村经济，2009（2）：46－54.

［37］李强，何龙斌．人力资本对流动人口的城市融入影响研究——兼论就业的中介作用［J］．湖南社会科学，2016（5）：147－151.

［38］李涛，史宇鹏，陈斌开．住房与幸福：幸福经济学视角下的中国城镇居民住房问题［J］．经济研究，2011（9）：69－82.

［39］李雅楠，孙业亮，朱镜德．非正规就业与城镇居民收入分配：1991－2009年［J］．数量经济技术经济研究，2013（8）：78－92.

［40］李烨红．促进我国非正规就业发展的社会保障制度分析［J］．湖北社会科学，2003（10）：12－14.

［41］李颖晖．教育程度与分配公平感：结构地位与相对剥夺视角下的双重考察［J］．社会，2015（1）：143－160.

［42］李玉，朱培．论权利和公平原则在行政法中的实施［J］．东南大学学报（哲学社会科学版），2013（12）：20－25.

［43］刘传江，周玲．社会资本与农民工的城市融合［J］．人口研究，2004（5）：12－18.

［44］刘华，徐建斌．转型背景下的居民主观收入不平等与再分配偏好［J］．经济学动态，2014（3）：48－59.

［45］刘靖，毛学峰，熊艳艳．农民工的权益与幸福感——基于微观数据的实证分析［J］．中国农村经济，2013（8）：65－77.

［46］刘丽杭、唐景霞．社会经济地位对居民健康公平的影响［J］．中国卫生经济，2004（6）：23－30.

［47］刘林平．外来人群中的关系运用——以深圳平江村为个案［J］．中国社会科学，2001（5）：112－124.

［48］卢海阳，郑逸芳，钱文荣．农民工融入城市行为分析——基于1632个农民工的调查数据［J］．农业技术经济，2016（1）：26－36.

［49］卢晶亮．城镇劳动者工资不平等的演化：1995—2013［J］．经济学（季刊），2018（4）：1305－1328.

［50］卢小君，孟娜．代际差异视角下的农民工社会融入研究——基于大连市的调查［J］．西北农林科技大学学报（社会科学版），2014（1）：36－46.

［51］陆万军，张彬斌．就业类型、社会福利与流动人口城市融入——来自微观数据的经验证据［J］．经济学家，2018（8）：34－41.

［52］罗楚亮．经济转型、非正规就业与城镇增长的穷人受益性［J］．管理世界，2008（10）：21－29.

［53］罗明忠，卢颖霞．农民工的职业认同对其城市融入影响的实证分析［J］．中国农村观察，2013（5）：10－23.

［54］马汴京，蔡海静．经济全球化如何影响了中国居民幸福感——来自CGSS2008的经验证据［J］．财贸经济，2014（7）：116－127.

［55］马超，顾海，孙徐辉．城乡医保统筹有助于农业流动人口心理层面的社会融入吗？［J］．中国农村观察，2017（2）：41－53.

[56] 马俊毅. 论城市少数民族的权利保障与社会融入——基于治理现代化的视角 [J]. 中南民族大学学报（人文社会科学版），2017（1）：31-37.

[57] 马伟华. 社会支持网构建：少数民族流动人口城市融入的实现路径分析 [J]. 西南民族大学学报（人文社会科学版），2018（2）：55-61.

[58] 孟天广. 转型期中国公众的分配公平感：结果公平与机会公平 [J]. 社会，2012（6）：108-134.

[59] 明娟，曾湘泉. 工作转换与受雇农民工就业质量：影响效应及传导机制 [J]. 经济学动态，2015（12）：22-33.

[60] 聂伟，风笑天. 农民工的城市融入与精神健康——基于珠三角外来农民工的实证调查 [J]. 南京农业大学学报（社会科学版），2013（9）：32-40.

[61] 牛建林. 人口流动对中国城乡居民健康差异的影响 [J]. 中国社会科学，2013（2）：46-63.

[62] 牛建林，郑真真，张玲华等. 城市外来务工人员的工作和居住环境及其健康效应——以深圳为例 [J]. 人口研究，2011（3）：64-75.

[63] 潘杰，雷晓燕，刘国恩. 医疗保险促进健康吗？——基于中国城镇居民基本医疗保险的实证分析 [J]. 经济研究，2013（4）：130-142.

[64] 潘泽泉，林婷婷. 劳动时间、社会交往与农民工的社会融入研究 [J]. 中国人口科学，2015（3）：108-115.

[65] 潘泽泉，何倩. 居住空间、社会交往和主观地位认知：农民身份认同研究 [J]. 湖南社会科学，2017（1）：80-87.

[66] 钱泽森，朱嘉晔. 农民工的城市融入：现状、变化趋势与影响因素 [J]. 农业经济问题，2018（6）：74-85.

［67］秦立建，陈波．医疗保险对农民工城市融入的影响分析［J］．管理世界，2014（10）：91－99．

［68］秦立建，王震，蒋中一．农民工的迁移与健康——基于迁移地点的Panel证据［J］．世界经济文汇，2012（6）：44－59．

［69］卿石松．职业机会、收入增长与就业质量主观评价［J］．社会发展研究，2015（2）：160－172．

［70］卿石松，郑加梅．工作让生活更美好：就业质量视角下的幸福感研究［J］．财贸经济，2016（4）：134－148．

［71］屈小博．中国城市正规就业与非正规就业的工资差异——基于非正规就业异质性的收入差距分解［J］．南方经济，2012（4）：32－42．

［72］任海霞．非正规就业人员社会保障的困境与抉择［J］．经济经纬，2016（3）：120－125．

［73］沈晓栋，李金昌．中国非正规部门指数的设计与测算——兼论非正规部门与经济增长关系［J］．商业经济与管理，2011（8）：83－89．

［74］史耀疆，崔瑜．公民公平观及其对社会公平评价和生活满意度影响分析［J］．管理世界，2006（10）：39－49．

［75］万向东．农民工非正式就业的进入条件与效果［J］．管理世界，2008（1）：63－74．

［76］王春超，张呈磊．子女随迁与农民工的城市融入感［J］．社会学研究，2017（2）：199－224．

［77］王桂新，胡健．城市农民工社会保障与市民化意愿［J］．人口学刊，2015（6）：45－55．

［78］王海成，郭敏．非正规就业对主观幸福感的影响——劳动力市场正规化政策的合理性［J］．经济学动态，2015（5）：50－59．

[79] 王海成，苏梽芳，渠慎宁．就业保护制度对非正规就业的影响——来自中国省际面板数据的证据［J］．中南财经政法大学学报，2017（2）：32－41．

[80] 王洪亮，刘志彪，孙文华等．中国居民获取收入的机会是否公平—基于收入流动性的微观计量［J］．世界经济，2012（1）：114－143．

[81] 王甫勤．社会流动有助于降低健康不平等吗？［J］．社会学研究，2011（2）：78－101．

[82] 王茜，罗连化．被动加班、工时满意度与最优工时——来自中国家庭追踪调查（CFPS）的证据［J］．劳动经济研究，2014（6）：87－99．

[83] 王胜今，许世存．流入人口社会融入感的结构与影响因素分析——基于吉林省的调查数据［J］．人口学刊，2013（1）：5－14．

[84] 魏下海，余玲铮．我国城镇正规就业与非正规就业工资差异的实证研究——基于分位数回归与分解的发现［J］．数量经济技术经济研究，2012（1）：78－90．

[85] 文雯．中国居民收入分配的公平认知与诉求［J］．财经研究，2015（11）：20－33．

[86] 闻媛．论我国城乡文化权利公平［J］．上海交通大学学报（哲学社会科学版），2011（4）：56－63．

[87] 吴要武，蔡昉．中国城镇非正规就业：规模与特征［J］．中国劳动经济学，2007（3）：67－83．

[88] 吴要武，赵泉．高校扩招与大学毕业生就业［J］．经济研究，2010（9）：93－107．

[89] 吴愈晓，王鹏，黄超．家庭庇护、体制庇护与工作家庭冲突——中国城镇女性的就业状态与主观幸福感［J］．社会

学研究，2015（6）：122－144.

［90］向华丽．女性农民工的社会融入现状及其影响因素分析——基于湖北3市的调查［J］．中国人口·资源与环境，2013（1）：103－109.

［91］解垩．中国地区间健康差异的因素分解［J］．山西财经大学学报，2011（8）：11－24.

［92］邢春冰．不同所有制企业的工资决定机制考察［J］．经济研究，2005（6）：16－26.

［93］徐建斌，刘华．社会公平认知、流动性预期与居民再分配偏好［J］．云南财经大学学报，2013（2）：48－56.

［94］徐建斌，刘华．税负公平、收入差距与再分配——一个微观层面的分析［J］．经济管理，2014（3）：159－167.

［95］徐丽敏．“社会融入”概念辨析［J］．学术界，2014（7）：84－91.

［96］徐淑一、王宁宁．经济地位、主观社会地位与居民自感健康［J］．统计研究，2015（3）：62－68.

［97］薛进军，高文书．中国城镇非正规就业：规模、特征和收入差距［J］．经济社会体制比较，2012（6）：59－69.

［98］燕晓飞．非正规就业劳动者的社会保障问题与对策研究［J］．湖北社会科学，2009（8）：43－45.

［99］杨帆．流动人口正规就业与非正规就业的工资差异研究［J］．人口研究，2015（6）：94－104.

［100］杨凡．非正规就业对流动人口社会融合的影响研究——基于北京市调查数据的分析［J］．中南财经政法大学学报，2016（6）：30－35.

［101］杨河清．劳动经济学［M］．北京：中国人民大学出版社，2011：113－114.

[102] 杨金龙，王桂玲．失地农民城市社会融入的结构性差异及其影响因素［J］．农业经济问题，2017（12）：30－42.

[103] 杨菊华．从隔离、选择融入到融合：流动人口社会融入问题的理论思考［J］．人口研究，2009（1）：17－29.

[104] 杨菊华．中国流动人口的社会融入研究［J］．中国社会科学，2015（2）：61－79.

[105] 杨胜利，谢超．就业质量对居民幸福感的影响分析研究［J］．云南财经大学学报，2015（6）：50－57.

[106] 姚洋．转轨中国：审视社会公平和平等——建立一个中国的社会公正理论［C］．北京：中国人民大学出版社，2004：92－99.

[107] 姚植夫，张译文．新生代农民工工作满意度影响因素分析—基于西北四省的调查数据［J］．中国农村经济，2012（8）：46－55.

[108] 俞林伟．居住条件、工作环境对新生代农民工健康的影响［J］．浙江社会科学，2016（5）：75－84.

[109] 袁正，郑欢，韩骁．收入水平、分配公平与幸福感［J］．当代财经，2013（11）：5－15.

[110] 张国英．中国城镇就业的正规化与社会保障［J］．中国行政管理，2012（10）：11－19.

[111] 赵忠，侯振刚．我国城镇居民的健康需求与Grossman模型——来自截面数据的证据［J］．经济研究，2005（10）：79－90.

[112] 周广肃，樊纲，申广军．收入差距、社会资本与健康水平——基于中国家庭追踪调查（CFPS）的实证分析［J］．管理世界，2014（7）：12－21.

[113] 周红燕，李文政，张春海．非正规就业集聚对我国第

三产业发展的影响及实证研究［J］. 软科学，2011（3）：18－23.

［114］张抗私，丁述磊，刘翠花. 非正规就业对居民社会融入的影响——来自中国劳动力动态调查的经验分析［J］. 经济学家，2016（12）：20－29.

［115］张曙光. 转轨中国：审视社会公正和平等——经济学家如何讲公平［C］. 北京：中国人民大学出版社，2004：60－68.

［116］张廷吉，秦波. 城镇正规就业与非正规就业的收入差异研究［J］. 人口学刊，2015（4）：92－103.

［117］张廷吉，陈祺超，秦波. 论非正规就业对经济增长的影响——基于我国31个省区市的面板数据分析［J］. 经济问题探索，2015（3）：82－89.

［118］赵延东，王奋宇. 城乡流动人口的经济地位获得及决定因素［J］. 中国人口科学，2002（4）：8－15.

［119］朱玲. 农村迁移工人的劳动时间和职业健康［J］. 中国社会科学，2009（1）：133－149.

二、英文部分

［1］Adler, Nancy E., Newman, Katherine. Socioeconomic Disparities in Health: Pathways and Policies［J］. Health Affairs, 2002, 21（2）：60－76.

［2］Alba, R. D. & Nee, V., Rethinking Assimilation Theory for a New Era of Immigration［J］. International Migration Review, 1997, 31（4）, 826－874.

［3］Alba, R. D. & Nee, V., Rethinking the American mainstream: assimilation and contemporary immigration［M］. Harvard University Press, 2003, 57－60.

［4］Alesina A., R. Di Tell and R. MacCulloch. Inequality and Happiness: Are Europeans and Americans different［J］. Journal of

Public Economics, 2004, 88 (6): 2009 -2042.

[5] Algan, Y. , Dustmann, C. and Glitz, A. and Manning, A. The Economic Situation of First - and Second - generation Immigrants in France, Germany, and the UK [J]. Economic Journal, 2010, 120 (2): 4 -30.

[6] Amuedo - dorantes, C. Determinants and Poverty Implications of Informal Sector Work in Chile [J]. Economic Development and Cultural Change, 2004, 52 (2), 349 -368.

[7] Banabou, R. Unequal Societies: Income Distribution and the Social Contract [J]. American Economic Review, 2000, 90 (1): 96 -129.

[8] Barbara R. Bergmann. The Effect on White Incomes of Discrimination in Employment [J]. Journal of Political Economy, 1971, 79 (2): 294 -313.

[9] Bardasi, E. & M. Francesconi. The impact of atypical employment on individual well -being: Evidence from a panel of British workers [J]. Social Science & Medicine, 2004, 58 (9): 1671 -1688.

[10] Bargain O, Kwenda P. Earnings Structures, Informal Employment, and Self - employment: New Evidence from Brazil, Mexico, and South Africa [J]. Review of Income and Wealth, 2011, 57 (1) : 100 -122.

[11] Becker G S. The Economics of Discrimination [M]. Chicago: University of Chicago Press, 1957.

[12] Bogue D J. Internal Migration [M]. Chicago: University of Chicago Press, 1959.

[13] Bleakley, H. and Chin, A. Age at Arrival, English Proficiency and Social Assimilation among U. S. Immigrants [J]. Ap-

plied Economics, 2010, 2 (1): 165 - 176.

[14] Blinder A. S. Wage Discrimination: Reduced Form and Structural Estimates [J]. Journal of Human Resources, 1973, 8 (4): 436 - 455.

[15] Bruce G. Link and Jo C. Phelan. Social Conditions as Fundamental Causes of Disease [J]. Journal of Health and Social Behavior. , 1995, Vol. Spec No, 80 - 94.

[16] Buddelmeyer, H. , Mcvicar, D. , & Wooden, M. Non - Standard "Contingent" Employment and Job Satisfaction: A Panel Data Analysis [J]. Industrial Relations, 2015, 54 (2): 256 - 275.

[17] Cai, L. The Relationship between Health and Labor Force Participation: Evidence from a Panel Data Simultaneous Equation Model [J]. Labor Economics, 2010, 17 (1): 77 - 90.

[18] Cai, L. ; Mavromaras, K. and Oguzoglu, U. The Effects on Hours Worked [J]. Health Economics, 2014, 23 (5): 516 - 528.

[19] Carr, E. , & Chung, H. Employment Insecurity and Life Satisfaction: The Moderating Influence of Labor Market Policies across Europe [J]. Journal of European Social Policy, 2014, 24 (4): 383 - 399.

[20] Clark, A. E. & A. J. Oswald. Unhappiness and unemployment [J]. Economic Journal, 1994, 104 (424): 648 - 659.

[21] Clark, A. E. & et al. Relative income, happiness, and utility: An explanation for the Easterlin paradox and other puzzles [J]. Journal of Economic Literature, 2008, 46 (1): 94 - 144.

[22] Cotton J. On the Decomposition of Wage Differentials [J]. Review of Economics and Statistics, 1988, 7 (2): 236 - 243.

[23] Daniels P. W. Urban Challenges: The Formal and Informal

Economies in Mega City [J]. Cities, 2004, 21 (6): 501 -511.

[24] Davila, A. and Mora, M. T. The Marital Status of Recent Mexican Immigrants in the United States [J]. International Migration Review, 2001, 35 (2): 506 -524.

[25] Dennis A. Rondinelli. Cities as Agricultural Markets [J]. American Geographical Society, 1987, 77 (4): 408 -420.

[26] Dockery, A. M. The Happiness of Young Australians: Empirical Evidence on the Role of Labor Market Experience [J]. Economic Record, 2005, 81 (255): 322 -335.

[27] Dolan, P., Peasgood, T., & White, M. Do We Really Know What Makes US Happy? A Review of the Economic Literature on the Factors Associated with Subjective Well - Being [J]. Journal of Economic Psychology, 2008, 29 (1): 94 -122.

[28] Dolado J J, Jimeno J F. Drawing Lessons from the Boom of Temporary Jobs in Spain [J]. Economic Journal. 2002, 112 (480): 270 -295.

[29] Doeringer, P. B., Piore, M. J. Internal Labor Markets and Manpower Analysis [M]. New York: ME Sharpe, 1971, 13 -41.

[30] Draca, M. & C. Green. The incidence and intensity of employer funded training: Australian evidence on the impact of flexible work [J]. Scottish Journal of Political Economy, 2004, 51 (5): 609 -625.

[31] Drinkwater, S. and Robinson, C. Welfare Participation by Immigrants in the UK [J]. International Journal of Manpowr, 2013, 34 (2): 100 -112.

[32] Easterlin, R. A. Income and happiness: Towards a unified

theory [J]. Economic Journal, 2001, 111 (473): 465 - 484.

[33] Easterlin, R. A., Morgan, R., Switek, M., & Wang, F. China's Life Satisfaction, 1990 - 2010 [J]. Proceedings of the National Academy of Sciences, 2010, 109 (25): 9775 - 9780.

[34] Ellen R. Meara, Seth Richards, and David M. Cutler. The Gap Gets Bigger: Changes In Mortality and Life Expectancy, By Education, 1981 - 2000 [J]. Health Affairs, 2008, 27 (2): 350 - 360.

[35] Evans, Gary W. & Elyse Kantrowitz. Socioeconomic Status and Health: The Potential Role of Environmental Risk Exposure [J]. Annual Review of Public Health, 2002, 23 (1), 303 - 331.

[36] Fairlie, Robert W. An Extension of theBlinder - Oaxaca Decomposition Technique to Logit and Probit Models [J]. Journal of Economic and Social Measurement, 2005, 30 (4): 304 - 316.

[37] Farber H S. Alternative and Part - time Employment Arrangements as A Response to Job Loss [R]. National Bureau of Economic Research, 1999: 122 - 148.

[38] Fields Gary S. A Welfare Economic Analysis of Labor Market Policies in the Harris - Todaro Model [J]. Journal of Development Economics, 2005, 76 (1): 127 - 146.

[39] Fields G S, Song Y. A Theoretical Model of the Chinese Labor Market [D]. IZA Discussion Paper Series, 2013.

[40] Fletcher Jason M., Sindelar Jody L. and Yamaguchi Shintaro. Cumulative Effect of Job Characteristics on Health [J]. Health Economics, 2011, 20 (5): 553 - 570.

[41] Friedrich Schneider, Dominik H. Enste. Shadow Economies: Size, Causes and Consequences [J]. Journal of Economic

Literature, 2000 (3): 77 - 114.

[42] Friedrich Schneider. Shadow Economy around the World: What do We really Know? [J]. European Journal of Political Economy, 2005 (21): 589 - 642.

[43] Funkhouser E. The Urban Informal Sector in Central America: Household Survey Evidence [J]. World Develop, 1996, 24 (11): 1737 - 1751.

[44] Goesling, Brian. The Rising Significance of Education for Health? [J]. Social Forces, 2007, 85 (4): 1621 - 1644.

[45] Glied, Sherry, Lleras - Muney, Adriana. Technological Innovation and Inequality in Health [J]. Demography, 2008, 45 (3): 741 - 761.

[46] Gong X, Soest A V, Villagomez E. Wage Differentials and Mobility in the Urban Labor Market: A Panel Data Analysis for Mexico [J]. Labour Economics, 2002, 9 (4): 513 - 529.

[47] Green, C. P. & J. S. Heywood. Flexible contracts and subjective well - being [J]. Economic Inquiry, 2011, 49 (3): 716 - 729.

[48] Grossman, M. On the Concept of Health Capital and the Demand for Health [J]. The Journal of Political Economy, 1972, 80 (2), 223 - 255.

[49] Grun, C., Hauser, W., & Rhein, T. Is Any Job Better Than No Job? Life Satisfaction and Reemployment [J]. Journal of Labor Research, 2010, 31 (3): 285 - 306.

[50] Guest, D. Flexible employment contracts, the psychological contract and employee outcomes: An analysis and review of the evidence [J]. International Journal of Management Reviews, 2004, 5 (1): 1 - 19.

[51] Gunther I, Launov A. Informal Employment in Developing Countries: Opportunity or Last Resort? [J]. Journal of Development Economics, 2012, 97 (1): 88 -98.

[52] Hamermesh, D. S. and Trejo, S. J. How do Immigrants Spend their Time? The Process of Assimilation [J]. Journal of Population Economics, 2013, 26 (2): 507 -530.

[53] Heckman J J, Hotz V J. An Investigation of the Labor Market Earnings of Panamanian Males Evaluating the Sources of Inequality [J]. Journal of Human Resources, 1986, 21 (4): 507 -542.

[54] Hirschi, Andreas. Calling in Career: A Typological Approach to Essential and Optional Components [J]. Journal of Vocational Behavior, 2011, 79 (1): 60 -73.

[55] Hirschman, C. America's Melting Pot Reconsidered [J]. Annual Review of Sociology, 1983, 9 (3): 397 -423.

[56] Hochschild J L. What's Fair: American Belief about Distributive Justice [M]. Cambridge: Harvard University Press, 1981.

[57] Hogan M J. Economic Insecurity, Blame, and Punitive Attitudes [J]. Justice Quarterly, 2005, 22 (3): 392 -412.

[58] Hui Zheng, Kenneth C. Land. Composition and Decomposition in US Gender - specific Self - reported Health Disparities, 1984 - 2007 [J]. Social Science Research, 2012, 41 (2): 477 -488.

[59] Hummer, Robert A., Rogers, Richard G., Eberstein, Isaac W. Sociodemographic Approaches to Differentials in Adult Mortality: a Review of Analytic Approaches [J]. Population and Development Review, 1998, 24 (3): 553 -578.

[60] ILO. Employment, Income and Equity: A Strategy for Increasing Productive Employment in Kenya [Z]. Geneva, 1972.

[61] ILO. Guidelines Concerning a Statistical Definition of Informal Employment [Z]. Geneva, 2003.

[62] ILO. Statistical Update an Employment in the Informal Economy [Z]. Geneva, 2016.

[63] Jacques Charmes. The Economy Worldwide: Trends and Characteristics [J]. The Journal of Applied Economic Research, 2012 (2): 103 - 132.

[64] Jiang, S., Ming Lu & Hiroshi Sato. Identity, Inequality and Happiness: Evidence from Urban China [J]. World Development, 2012, 40 (6): 1190 - 1200.

[65] Jo C. Phelan, Bruce G. Link and Parisa Tehranifar. Social Conditions as Fundamental Causes of Health Inequalities: Theory, Evidence, and Policy Implications [J]. Journal of Health and Social Behavior, 2010, Vol. 51 Suppl, 28 - 40.

[66] Kenyon, S., G. Lyons, and J. Rafferty. Transport and Social Exclusion: Investing the Possibility of Promoting Inclusion through Virtual Mobility [J]. Journal of Transport Geography, 2002, 3 (10): 207 - 219.

[67] Levy, H. and D. Melzer. The Impacts of Health Insurance on Health [J]. Annual Review of Public Health, 2008, 29 (1): 399 - 409.

[68] Lemieux, Thomas. Increasing Residual Wage Inequality: Composition Effects, Noisy Data, or Rising Demand for Skill? [J]. American Economic Review, 2006, 96 (3): 461 - 498.

[69] Lisa S. Wolffa, S. V. Subramanianb. Compared to whom? Subjective social status, self - rated health, and referent group sensitivity in a diverse US sample [J]. Social Science & Medicine,

2010, 70 (12), 2019 - 2028.

[70] Liu, Hui, Umberson, Debra J. The Times They Are a Changin: Marital Status and Health Differentials from 1972 - 2003 [J]. Journal of Health and Social Behavior, 2008, 49 (3): 239 - 253.

[71] Lu, Y. Rural - urban Migration and Health: Evidence from Longitudinal Data in Indonesia [J]. Social Science & Medicine. , 2010, 70 (3), 412 - 419.

[72] Malanchuk, Oksana, Messersmith, Emily E. and Eccles, S. The Ontogeny of Career Identities in Adolescence [J]. New Directions for Child and Adolescent Development, 2010 (130): 97 - 110.

[73] Maloney W F. Does Informality Imply Segmentation in Urban Labor Markets? Evidence from Sectoral Transitions inMexico [J]. World Bank Economic Review, 2013, 13 (13): 275 - 302.

[74] Meltzer, A, S. Richard. A Rational Theory of the Size of Government [J]. Journal of Political Economy, 1981, 89 (5): 914 - 927.

[75] Mincer J. Schooling, Experience, and Earning [M]. New York: National Bureau of Economic Research, 1974, 120 - 125.

[76] Neumark D. Employer's Discriminatory Behavior and the Estimation of Wage Discrimination [J]. Journal of Human Resources, 1988, 23 (3): 279 - 295.

[77] Norman V. Loayza. The Economics of the Informal Sector: a Simple Model and Some Empirical Evidence from Latin America [J]. Public Policy, 1996 (45): 129 - 162.

[78] Oaxaca R. Male - female Wage Differentials in Urban Labor Markets [J]. International Economic Review, 1973, 14 (3): 693 - 709.

[79] Pagan J A, Jose A, Tijerina – guajardo. Increasing Wage Disperation and the Changes in Relative Employment and Wages in Mexico's Urban Informal Sector: 1987 – 1993 [J]. Applied Economics, 2000, 32 (3): 335 – 347.

[80] Park, R. E. and E. W. Burgess. Introduction to the Science of Society [M]. Chicago: University of Chicago Press, 1921: 735 – 736.

[81] Phelan J C., Bruce G., Parisa T. Social Conditions as Fundamental Causes of Health Inequalities: Theory, Evidence, and Policy Implications [J]. Journal of Health and Social Behavior, 2010, 51 (1): 28 – 40.

[82] Phelps E S. The Statistical Theory of Racism and Sexism [J]. American Economic Review, 1972, 62 (4): 659 – 661.

[83] Popkewitz, T & S. Lindblad. Educational Governance and Social Inclusion and Exclusion: Some Conceptual Difficulties and Problematics in Policy and Research [J]. Studies in the Cultural Politics of Education, 2000, 21 (1): 88 – 101.

[84] Portes, Alejandro, Robert Nash Parker and Josea Cobas. Assimilation or Consciousness: Perceptions of U. S. Society Among Recent Latin American Immigrant to the United States [J]. Social Forces, 1980, 59 (1): 200 – 224.

[85] Pratap, Sangeeta & Erwan Quintion. Are Labor Markets Segmented in Augentina? [J]. European Economic Review, 2006, 10 (50): 1817 – 1841.

[86] Radchenko N. Heterogeneity in Informal Salaried Employment: Evidence from the Egyptian Labor Market Survey [J]. World Development, 2014, 62 (5): 169 – 188.

[87] Ramcharan, R.. Inequality and Redistribution: Evidence from U. S. Counties and States, 1890 - 1930 [J]. Review of Economics and Statistics, 2010, 92 (4): 729 - 744.

[88] R Oaxaca, M Ransom. On Discrimination and the Decomposition of Wage Differentials [J]. Journal of Econometrics, 1994, 61 (1): 5 - 21.

[89] Robert F. Schoeni, Linda G. Martin, Patricia M. Andreski, and Vicki A. Freedman. Persistent and Growing Socioeconomic Disparities in Disability Among the Elderly: 1982 - 2002 [J]. American Journal of Public Health, 2005, 95 (11): 2065 - 2070.

[90] Roberts, K. Voting over Incometax Schedules [J]. Journal of Public Economics, 1977, 8 (3): 4329 - 4340.

[91] Robone, S. et al. Contractual conditions, working conditions and their impact on health and well - being [J]. European Journal of Health Economic, 2011, 12 (5): 429 - 444.

[92] Roemer J E. Equality of Opportunity [M]. Cambridge: Harvard University Press, 1988.

[93] Rostad, Berit, Dorly JH. Deeg & Berit Schei. Socioeconomic Inequalities in Health in Older Women [J]. European Journal of Ageing, 2009, 6 (1), 39 - 47.

[94] Smith, J. P. Assimilation across the Latino Generations [J]. The American Economic Review, 2003, 93 (2): 315 - 319.

[95] Soest P A V. Formal and Informal Sector Employment in Urban Areas of Bolivia [J]. Labour Economics, 1995, 2 (3): 275 - 297.

[96] Song Y. Poverty Reduction in China: The Contribution of Popularizing Primary Education [J]. China & World Economy,

2012, 20 (11): 105 - 122.

[97] South, S. J. , Crowder, K. and Chavez, E. Geographic Mobility and Spatial Assimilation among US Latino Immigrants [J]. International Migration Review, 2005, 39 (3): 577 - 607.

[98] Tansel A . Wage Earners, Self Employed and Gender in the Informal Sector in Turkey [R]. Policy Report Research on Gender and Development, Working Paper, 2000 - 11 - 24.

[99] Taylor, M. P. Tell me why I don't like Mondays: Investigating day of the week effects on job satisfaction and psychological well - being [J]. Journal of the Royal Statistical Society, 2006, 169 (1): 127 - 142.

[100] Todaro M. P. A Model of Labor Migration and Urban Unemployment in Less Developed Countries [J]. American Economic Review, 1969, 59 (1): 138 - 148.

[101] Van de Rijt A. Selection and Influence in the Assimilation Process of Immigrants [J]. Advanced in Group Processes, 2013, 30 (1): 157 - 193.

[102] Verba S, Orren G R. Equality in America [M]. Cambridge: Harvard University Press, 1985.

[103] Wang, H, W. Yip, L. Zhang and W. C. Hsiao. The Impact of Rural Mutual Health Care on Health Status: Evaluation of a Social Experiment in Rural China [J]. Health Economics, 2009, 18 (2): 65 - 82.

[104] Whyte M K. Myth of the Social Volcano: Perceptions of Inequality and Distributive Injustice in Contemporary China [M]. Stanford University Press, 2010.

[105] Xu, Q. , Guan, X. , & Yao, F. Welfare Program Par-

ticipation among Rural – to – Urban Migrant Workers in China [J]. International Journal of Social Welfare, 2011, 20 (1): 10 –21.

[106] Yair Eilat, Clifford Zinnes. The Shadow Economy in Transition Countries: Friend or Foe? A Policy Perspective [J]. World Development. 2002 (7): 1233 –1254.

[107] Yang, Linda C. Sex and Race Disparities in Health: Cohort Variations in Life Course Patterns [J]. Social Forces, 2009, 87 (4): 2093 –2124.

[108] Zhang, X.; Zhao, X. and Harris, A. Chronic Diseases and Labor Force Participation in Australian [J]. Journal of Health Economics, 2009, 28 (1): 91 –108.

[109] Zhang Y, Chen J, Wong P. Effect of Trade Unions on Industrial Labor Income in China [J]. Asian Politics & Policy, 2011 (3): 95 –114.

[110] Zhou Min and Yang Sao Xiong. The Multifaceted American Experiences of the Children of Asian Immigrants: Lessons for Segmented Assimilation [J]. Ethnican Racial Studies, 2005, 28 (6): 1119 –1152.

[111] Zucchelli, E.; Jones, A. M.; Rice, N. and Harris, A. The Effects of Health Shocks on Labor Market Exit: Evidence from the HILDA Survey [J]. Australian Journal of Labor Economics, 2010, 13 (2): 191 –218.

后　　记

学生生涯即将结束，感谢一路走来所有帮助过我的人！

回想过去的漫漫求学路，首先，感谢我的导师张抗私教授，感谢张老师接受我硕博连读，跟着她攻读劳动经济学专业。读博期间，张老师鼓励我多参加劳动经济学领域的学术会议，向优秀的人学习。也正是在一次国家卫计委和北京大学国家发展研究院联合举办的一次学术会议中宣读了一篇自己的学术论文，受益很大，对自己的博士论文的选题产生了影响。感谢导师对我博士论文选题的肯定，以及读博期间所写论文的悉心指导和修改！整个读博期间，张老师对我的影响是最大的。她经常告诉我，要只争朝夕，虽然不是最聪明的，但一定要做最勤奋的，勤能补拙！在论文写作过程中，张老师一直告诉我，一定要谨记“五个最”，即最顶尖的学术成果、最有影响力的学术论文、最重要的学术会议、最重要的学术期刊和最具权威的研究人员。清晰地记得刚刚学习写作的时候，张老师从头到尾给我指导，指出不恰当的表述和语病。我深知自己的成长离不开张老师的培养！在我找工作期间，张老师亲自带我去北京，给我推荐一些已经工作的优秀校友，让他们给我提供了一些宝贵的经验！这种恩情永远铭记于心！

其次，要感谢张凤林教授，连着听了两年张老师给我们讲的“人事经济学”课程，张老师在自己的办公室，不仅给我们讲授前言的理论知识，课间休息的时候还和我们聊聊生活，给我们提供了很多宝贵建议，一生受用！感谢王询教授，在王老师“企业理论”课堂上，给我们提供了充分表达自我的机会，王老师特别爱读书，也深深地感染了我们。读书是一种情怀！感谢杜两省教授，在我读研究生的时候，就跟着杜老师学习“新政治经济学”课程，硕博连读面试过程中，杜老师作为专家评审之一，给我提供了很多宝贵建议，在整个读博期间和今后的科研生涯中都很受益！感谢刘凤芹教授，刘老师是我在硕博连读期间听的课最多的老师，在中级微观、制度经济学、论文写作等方面，刘老师对问题看得特别深刻，对我们的思维方式影响很大，特别喜欢听刘老师的课！感谢王玉霞教授，王老师是我来学校之前就听说过的优秀名师，我读本科时就是王老师的学生。研究生期间虽然课程安排中没有王老师的课，但是经常旁听王老师讲课。感谢王维国教授，读研的时候，王老师在录制精品课程，旁听了整整一个学期，为自己的计量知识打下了坚实的基础。感谢齐鹰飞教授和谷宏伟副教授，齐老师给我们讲授的“高级宏观经济学”，谷老师给我们讲的“高级微观经济学”，对我博士论文理论基础部分帮助很大！感谢路继业老师和周闯老师在计量软件操作方面对我提供的帮助。同时感谢经济学院其他老师的关心与帮助！

再次，要感谢我的女朋友刘翠花在我硕博连读期间的鼓励和陪伴！如果不是她坚持让我申请硕博连读，我可能不会有机会读博了。和她共同走过了四年的光阴，虽然有时也会争吵，但已经从相识、相知变成了相濡以沫。我们相互帮助，共同克服了一些困难，也共同取得了一些成绩。就像她说的那样，我们属于命运共同体，未来的路还很长，我相信，携手走下去，一定会越来越美好！

再再次，感谢朱晨师哥和周晓蒙师姐、李善乐师哥、张静师姐、王雪青师姐，咱们师门强大的凝聚力离不开你们的功劳。感谢赵婷和冀洋、王亚迪、谷晶双、琚琼、史策和肖昊等师弟师妹，每次咱们师门一起玩耍，一起聚餐都让我感受到了家的温暖。感谢王献龙、刘志鹏、邢秉昆和于洪涛四位大哥以及张伟广兄弟，虽然不是一个师门，但是咱们之间的友谊同样是长久的，每次相聚都相互帮助，相互鼓励，相互支持！一起撸串，一起玩耍，以及葫芦岛之行和千山之旅的日子永远难忘！

最后，要感谢我的家人，感谢我的父母和姐姐在生活和学习上给予了我最大的关心和支持！出身于农村，从小父母就告诉我知识改变命运！我的父亲高三的时候，由于家庭原因没有去上大学，这也是他终身的遗憾。作为儿子，为了完成父亲的愿望，更为了改变自身的命运，我一直坚持努力学习。漫漫求学路即将结束，今后我要尽所有能力去回报他们！

读博不易！读博期间更多的记忆是努力和坚持！三点一线：宿舍、中心餐厅和图书馆。虽然东北财经大学坐落在美丽的大连海边，但我的记忆中很少去海边玩耍过。珍惜时间就必须和时间赛跑，和时间赛跑就是为了赢得更多的时间！求学路程的结束又是新的开始！为了更美好的明天，我会继续努力！

丁述磊

2022 年 9 月 6 日